Geschichte der Chemie

Hier findest du einen kurzen geschichtlichen Überblick über die Chemie. Die zeitliche Reihenfolge ist etwas durcheinandergeraten.

Schneide die Streifen aus und ordne sie richtig.
Als Lösungswort ist gefragt: Was entsteht, wenn zwei Tausendfüßler sich umarmen?

__ __ __ __ __ __ __ __ __ __ __ __ __ __ __
1 2 3 4 5 6 7 8 9 10 11 12 13 14 15

H	Alfred Nobel entdeckte 1867 das Dynamit, indem er Kieselgur und Nitroglycerin vermischte.
V	350 v. Chr. versuchte Aristoteles, aus weniger wertvollen Metallen Gold herzustellen. Solche Versuche werden als „Alchemie" bezeichnet.
I	Das erste hergestellte Glas war noch nicht durchsichtig. 1340 v. Chr. tauchten die ersten durchsichtigen Gläser auf.
S	1929 wurde die erste Chemiefaser, das Nylon, im Labor hergestellt. Die ersten Kleidungsstücke aus Nylon waren Damenstrumpfhosen.
L	1899 wurde das Aspirin gegen Kopfschmerzen vom Chemiker Felix Hoffmann entdeckt. Aspirin wird das bekannteste Arzneimittel der Firma Bayer.
R	Vor 5000 Jahren wusste man schon, wie man Kupfer mit Zinn mischen musste, um Bronze zu erhalten.
E	2900 v. Chr. kannte man in Mesopotamien bereits eine bleichende Seifenpaste.
C	1839 entdeckte der Amerikaner Goodyear, wie man elastischen Gummi durch Vulkanisieren von Kautschuk erzeugen kann.
S	Seit dem 20. Jahrhundert hat sich die Chemie fast explosionsartig ausgeweitet: Synthese von komplexen organischen Molekülen wie Vitamine, Antibiotika (Penicillin), die Entschlüsselung des DNS-Moleküls ...
S	Wöhler stellte 1827 das erste reine Aluminium bei Versuchen her, zu denen er vom Dänen Ørstedt angeregt wurde.
S	450 v. Chr. lehrte der Grieche Empedokles, dass alle Stoffe aus 4 Elementen bestehen: Feuer, Wasser, Erde und Luft.
S	Vor 3000 Jahren entdeckten Menschen, wie man Eisen herstellt; die sogenannte „Eisenzeit" wurde eingeleitet.
E	Vor 2000 Jahren bauten die Römer aus Beton Straßen und Aquädukte, die teilweise heute noch brauchbar sind.
U	Um 1927 gab es die ersten praktischen Erfolge in der Farbfotografie.
R	Im Jahre 105 n. Chr. präsentierte ein chinesischer Minister dem Kaiser den ersten auf Papier geschriebenen Text.

Petra Pichlhöfer: Rätselblätter Chemie
© Persen Verlag

CHEMIE IM ALLTAG

Immer wieder hört man von Umweltkatastrophen, die durch Chemiewerke verursacht werden. Leider hat die Chemie immer öfter den schlechten Ruf, eine Gesundheit schädigende oder sogar das Leben bedrohende Wissenschaft zu sein.
In unserem heutigen Leben ist die Chemie allerdings gar nicht mehr wegzudenken. Ohne chemische Erkenntnisse würden wir viele Dinge nicht kennen oder verwenden können.

Im Suchgitter sind 22 Begriffe versteckt, die es ohne die Chemie nicht geben würde.
Findest du sie alle? Trage alle Begriffe unten in die Tabelle ein!

I	G	U	M	M	I	A	H	S	A	Q	D	G	H	W	K
M	K	N	F	S	T	R	T	E	Ä	Ö	V	A	H	A	E
P	S	A	P	U	T	Z	M	I	T	T	E	L	T	S	R
F	M	W	T	F	H	N	P	F	Ö	F	R	D	J	C	A
U	A	E	R	K	J	E	F	E	W	F	P	T	S	H	M
N	L	B	R	L	K	I	A	K	P	C	A	T	A	M	I
G	F	A	S	E	L	M	N	L	O	X	C	G	G	I	K
E	A	L	E	I	L	I	N	J	A	C	K	E	N	T	A
N	R	L	Q	D	Ö	T	E	E	U	X	U	Q	E	T	R
Ü	B	T	W	U	Ü	T	G	S	T	S	N	E	K	E	T
O	E	D	Ü	N	G	E	R	A	O	W	G	O	L	L	A
Z	N	V	F	G	B	L	H	Q	T	E	E	P	E	Q	B
R	H	U	I	P	O	L	D	G	R	Z	N	O	B	S	L
W	I	M	P	E	R	N	T	U	S	C	H	E	S	W	E
N	E	O	N	R	Ö	H	R	E	D	F	K	L	T	X	T
G	H	T	Z	H	K	L	J	L	P	J	F	H	O	D	T
U	C	I	A	E	K	U	N	S	T	S	T	O	F	F	E
K	O	S	M	E	T	I	K	A	E	Ö	H	Ö	F	O	N

_____   _____   _____   _____

_____   _____   _____   _____

_____   _____   _____   _____

_____   _____   _____   _____

_____   _____

Buntes Chemie-Abc

1. Giftigkeit eines Stoffes
2. 5. Element der Edelgase
3. sichtbare Verunreinigung der Luft
4. Abtöten von Mikroorganismen
5. Lehre von den Viren
6. Wasser abweisend
7. Wiederverwendung bereits benutzter Rohstoffe
8. Anzeiger für Säuren und Basen
9. silberweißes, glänzendes, weiches Schwermetall
10. Element mit dem Symbol Y
11. Salz der Salpetersäure
12. Haarröhrchenwirkung
13. Verbindung mit Sauerstoff
14. lateinisch für „Eisen"
15. aromatischer Kohlenwasserstoff
16. grob- oder feinkörnig geformte Substanz
17. gebunden, aufgespeichert
18. Element mit dem Symbol U
19. Eiweiß
20. „Aufsaugen"
21. Gerät zum Ermitteln der Masse
22. Atomverband
23. Einheit der Arbeit
24. Rauch, der die Sicht behindert
25. Mischung zweier nicht mischbarer Flüssigkeiten
26. grüner Blattfarbstoff

Das Lösungswort ergibt sich aus den grau unterlegten Buchstaben:

___ ___ ___ ___ ___ ___
 1   2   3   4   5   6

Petra Pichlhöfer: Rätselblätter Chemie
© Persen Verlag

Chemische Rekorde

Auch in der Chemie gibt es rekordverdächtige Champions.

Wenn du die Bilderrätsel richtig löst, findest du mit den Anfangsbuchstaben heraus, welche Elemente den Eintrag in das Guinnessbuch der Rekorde verdienen würden.

_ _ _ _ _ _ _ _ _ _ _ _ _ _	Es ist das leichteste Element. Die ersten Ballons und Luftschiffe wurden damit gefüllt, um ihnen Auftrieb zu geben.
_ _ _ _ _ _ _ _ _ _ _	Dies ist das schwerste in der Natur vorkommende Element. Das silbrig glänzende Schwermetall ist extrem giftig und ein gefährlicher α-Strahler.
?DE _ _ _ _ _ _ _	Es ist das größte in der Natur vorkommende stabile Atom und hat einen Atomradius von 272 pm (Pikometer).
_ _ _ _ _ _ _ _ _ _ _ _	Schon wieder ein Rekord! Es ist nämlich auch das kleinste Atom mit einem Atomradius von 37 pm.
_ _ _ ?DE _ _ _ _ _ _ _	Es gehört mit Brom gemeinsam zu den zwei einzigen Elementen, die unter Normalbedingungen flüssig sind. Es ist seltsamerweise sogar ein Metall.
_ _ _ _ _ _	Dieses Element ist das einzige, das bei Atmosphärendruck auch bei tiefsten Temperaturen nicht erstarrt.
_ _ _ _ _ _ _ _	Den höchsten Schmelzpunkt besitzt dieses Metall. Er liegt bei 3410 °C. Daher bestehen die Glühfäden in Glühbirnen üblicherweise daraus.
_ _ _ _ _ _ _ _ _ _	Das ist das härteste Element in seiner Erscheinungsform als Diamant. Es hat Härte 10 auf der Mohs-Härteskala.

EXPERIMENTIERGERÄTE

Im Chemiesaal braucht man viele Geräte zum Experimentieren.
Suche die Namen der einundzwanzig Geräte im Rätselgitter (sie können von links nach rechts, von rechts nach links, von oben nach unten oder von unten nach oben geschrieben sein) und trage sie unter den entsprechenden Abbildungen ein.

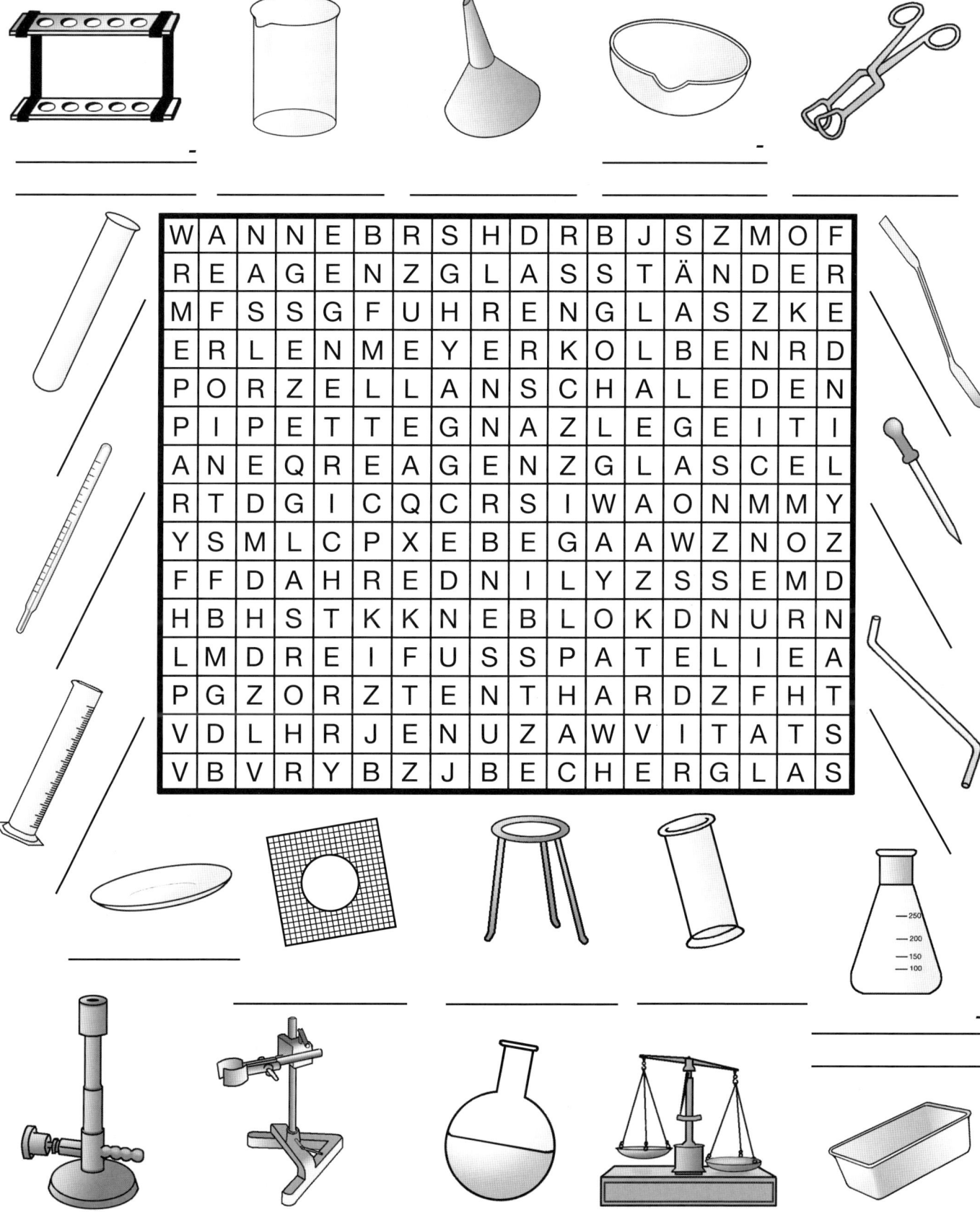

W	A	N	N	E	B	R	S	H	D	R	B	J	S	Z	M	O	F
R	E	A	G	E	N	Z	G	L	A	S	S	T	Ä	N	D	E	R
M	F	S	S	G	F	U	H	R	E	N	G	L	A	S	Z	K	E
E	R	L	E	N	M	E	Y	E	R	K	O	L	B	E	N	R	D
P	O	R	Z	E	L	L	A	N	S	C	H	A	L	E	D	E	N
P	I	P	E	T	T	E	G	N	A	Z	L	E	G	E	I	T	I
A	N	E	Q	R	E	A	G	E	N	Z	G	L	A	S	C	E	L
R	T	D	G	I	C	Q	C	R	S	I	W	A	O	N	M	M	Y
Y	S	M	L	C	P	X	E	B	E	G	A	A	W	Z	N	O	Z
F	F	D	A	H	R	E	D	N	I	L	Y	Z	S	S	E	M	D
H	B	H	S	T	K	K	N	E	B	L	O	K	D	N	U	R	N
L	M	D	R	E	I	F	U	S	S	P	A	T	E	L	I	E	A
P	G	Z	O	R	Z	T	E	N	T	H	A	R	D	Z	F	H	T
V	D	L	H	R	J	E	N	U	Z	A	W	V	I	T	A	T	S
V	B	V	R	Y	B	Z	J	B	E	C	H	E	R	G	L	A	S

Unvorstellbar klein: Atome

Kreuze die richtigen Antworten an.

Wenn du die Worte, die immer links unten bei jeder richtigen Antwort stehen, zu einem Lösungssatz aneinanderreihst, erfährst du, wie klein Atome wirklich sind:

_____

_____

Elektrisch positiv geladene Teilchen im Atomkern nennt man ...	○ Protonen *Wären*	○ Primaten *Würden*	○ Potenzen *Wo*
Elektrisch negativ geladene Teilchen in der Atomhülle heißen ...	○ Elemente *sind*	○ Eremiten *die*	○ Elektronen *wir*
Die ungeladenen Teilchen im Atomkern nennt man ...	○ Nektarinen *alle*	○ Neutronen *Menschen*	○ Nomaden *nie*
Die bevorzugten Aufenthaltsbereiche der Elektronen in der Hülle sind die ...	○ Ornamente *klein*	○ Orbitale *so groß*	○ Orka *aber*
Außenelektronen sind wichtig für chemische Bindungen und heißen auch...	○ Valenz-Elektronen *wie*	○ Valut-Elektronen *warum*	○ Verbal-Elektronen *wofür*
Wenn ein Atom eine vollständig besetzte Außenschale hat, heißt es ...	○ Elektronen-gas *so-*	○ Edelgas *Atome,*	○ Extremgas *in:*
Stoffe, die aus Atomen der gleichen Art bestehen, heißen ...	○ Elemente *hätten*	○ Elektronen *haben*	○ Externisten *ist*
Zwei oder mehr Atome bilden eine ...	○ Verwandlung *10*	○ Verbindung *100*	○ Verlosung *null*
Die Tabelle, in der alle Elemente geordnet sind, heißt ...	○ Protonen-system *g*	○ Pyramiden-system *km*	○ Perioden-system *Millionen*
Das kleinste und leichteste Atom ist ...	○ Sauerstoff *Teilchen*	○ Stickstoff *sicher*	○ Wasserstoff *bequem*
Elektrisch geladene Atome nennt man ...	○ Isolatoren *mit*	○ Ionen *auf*	○ Isobaren *unter*
Der erste, der sich über die Gestalt der Atome Gedanken machte, war vor mehr als 2000 Jahren ...	○ Demokrit *einem*	○ Einstein *beiden*	○ Michelangelo *noch*
Als Begründer der modernen Atomtheorie gilt ...	○ John Denver *Kern*	○ John Dalton *Stecknadelkopf*	○ John Boy Walton *Eis*
Das griechische Wort *atomos* heißt auf deutsch ...	○ unnahbar *aus.*	○ unteilbar *Platz.*	○ unverwundbar *oder?*

So ein Durcheinander bei den Elementen!

So ein urchDeinedran bei den mEtelenen

Im Suchgitter sind 20 Elemente versteckt. Findest du sie alle?

Mithilfe des Periodensystems kannst du die chemischen Elementsymbole herausfinden.
Trage alle Elementnamen und ihre Symbole unten in die Tabelle ein!

```
A N T O N C R E W S I L B E R P
N I N A B H I S A B I N E R S H
G C K O H L E N S T O F F I T O
E K A R G O L D S U A K P K I S
L E N A A R E M E B L E I M C P
I L H T B N A T R I U M N A K H
K L E E I N G E S D M C E G S O
E F L U O R V K T A I C S N T R
I R I S T E F A O K N O N E O N
S A U E R S T O F F I B O S F U
E I M I C H I H F R U A R I F O
N S C H W E F E L E M L B U Z L
Q U E C K S I L B E R T I M A X
```

_____ - _   _____ - _   _____ - _

_____ - _   _____ - _   _____ - _

_____ - _   _____ - _   _____ - _

_____ - _   _____ - _   _____ - _

_____ - _   _____ - _   _____ - _

_____ - _   _____ - _   _____ - _

_____ - _   _____ - _

Petra Pichlhöfer: Rätselblätter Chemie
© Persen Verlag

*Perioden*system

Nimm dein Periodensystem zu Hilfe!

1. Element mit der Ordnungszahl 47
2. Element mit 11 Elektronen
3. Halbmetall der 3. Periode
4. Element der 3. Periode mit 2 Außenelektronen
5. leichtestes Halogen
6. Element mit der Protonenzahl 26
7. leichtestes Edelgas
8. Element der 4. Periode mit 5 Valenzelektronen
9. Element, das sein Symbol Pb vom lateinischen Wort *Plumbum* hat

10. Element mit der Ordnungszahl 16
11. Element der 2. Periode und 3. Hauptgruppe
12. Element mit 79 Protonen
13. flüssiges Element der 4. Periode
14. Element mit der Atommasse 16
15. Element mit der ungefähren Atommasse 31
16. Edelgas der 3. Periode
17. Element mit 53 Elektronen
18. erstes Element im Periodensystem

Viele Chemiker beschäftigten sich damit, die Elemente sinnvoll zu ordnen. Die erfolgreichsten, welche die Grundlage für das heutige Periodensystem schufen, waren der deutsche Chemiker Lothar Meyer (1830 – 1895) und der russische Chemiker Dimitri ...

__ __ __ __ __ __ __ **J** __ __   (1834 – 1907)
1   2   3   4   5   6   7   8   9

Chemische Bindungen

Atome verbinden sich, um einen stabileren Zustand zu erreichen. Nur Edelgase gehen keine Bindungen ein.
Finde heraus, wie diese Bindungen genannt werden. Die Anfangsbuchstaben der kleinen Bilder ergeben die Lösungswörter!

1. __ __ __ __ __ __ __ __ __ __ __ __ __

Die Bindung von **Metallen** entsteht durch die Anziehung der positiven Metallionen und dem Elektronengas.

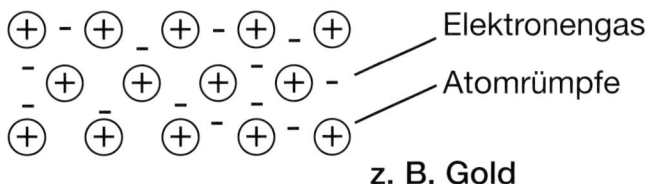

Elektronengas

Atomrümpfe

z. B. Gold

2. __ __ __ __ __ __ __ __ __ __ __ __

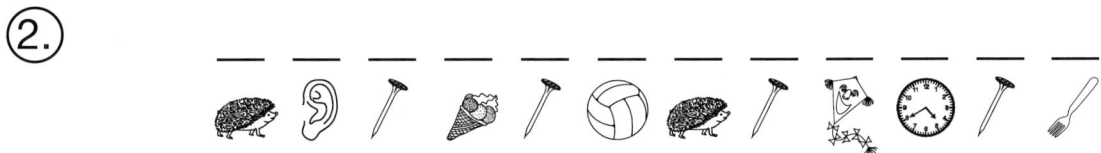

Bei **Kochsalz** beispielsweise werden durch Übergang eines Elektrons (e^-) die beiden Elemente der Verbindung zu Ionen. So entsteht ein Ionengitter, der sogenannte Salzkristall.

Salz

3. __ __ __ __ __ __ __ __ __ __ __ __

Moleküle **nichtmetallischer Elemente** sind durch gemeinsame Elektronenpaare verbunden. So setzt sich zum Beispiel Wasser aus einem Sauerstoffatom und zwei Wasserstoffatomen zusammen.

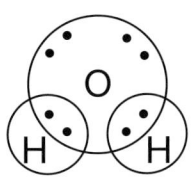

Wasser

Trennung von Gemengen

Ein Gemenge ist eine Mischung von mehreren Reinstoffen.
Dabei behalten die Bestandteile ihre Eigenschaften.
Es gibt zahlreiche Verfahren, um Gemenge zu trennen und Reinstoffe zu erhalten.
Welches davon angewendet wird, hängt von den Eigenschaften der Gemengteile ab.

Ordne die Buchstaben und du erhältst die Namen der Trennverfahren.
Als kleine Hilfe sind unten alle sieben Verfahren beschrieben.

1. F̲RRNLIETEI

2. A̲PROSDOTNI

3. ILE̲DTNSERELI

4. DNNFMIE̲EAP

5. RZ̲EIERTNGEFINU

6. AHGTC̲EMRIRFOAO

7. ERE̲RLNTEOTKIFL

Lösungswort:

1	2	3	4	5	6	7	8	9	10	11	12

Das kennst du von zu Hause!

1. Hier wird ein unlöslicher Stoff von einer Flüssigkeit getrennt.
2. Hier ziehen poröse Stoffe (wie Aktivkohle) kleinste Teilchen an sich. Es wird bei Geruchsfiltern über Kochherden angewendet oder auch bei Atemschutzmasken.
3. So werden Flüssigkeitsgemische mit verschiedenen Siedepunkten getrennt.
4. So kann man zum Beispiel aus Meerwasser Salz gewinnen. Das Wasser entweicht, das Salz bleibt zurück.
5. Eine Wäscheschleuder funktioniert so. Hier wird die unterschiedliche Trägheit verschiedener Stoffe genutzt.
6. So nennt man die Trennung gelöster Stoffe durch Aufsaugen einer Lösung. Das Wort kommt aus dem Griechischen und heißt so viel wie „Farbaufzeichnung".
7. In Kohlekraftwerken zum Beispiel werden so die Verbrennungsgase vom Staub gereinigt.

!!!!!!!Gefährliche Stoffe!!!!!!!

Färbe ein!

Auf Behältern, in denen Chemikalien aufbewahrt werden, findest du schwarz-gelbe Warnzeichen. Für den sicheren Umgang mit diesen Chemikalien ist es wichtig, die Gefahrensymbole zu erkennen.

F bzw. F+	**F:** L _ _ _ _ _ _ _ _ _ Ü _ _ _ _ _ _ −7 +4 −6 +5 +12 −15 +9 +6 +6 → −12 −10 +8 −3 −6 +5	Durch Selbst- oder Fremdzündung kann es zu einem Brand kommen.
O	**B** _ _ _ _ _ Ö _ _ _ _ _ _ +16 −17 +13 −10 +2 → +12 −14 +1 +13 −4 −10	Die Stoffe brennen zwar nicht selbst, können aber Stoffe entzünden und Brände fördern.
Xi bzw. Xn	**Xi:** R _ _ _ _ _ _ −13 +4 +17 −21 +9 −10	Haut, Augen oder Atmungsorgane werden durch diese Stoffe gereizt.
T bzw. T+	**T+:** S _ _ _ _ _ _ _ _ _ −14 +3 +10 −11 +2 −3 +14 −11 −2	Die Aufnahme dieses Stoffes in den Körper führt zu erheblichen Gesundheitsschäden.
C	**Ä T** _ _ _ _ +6 −21 +9 −10	Im Kontakt mit diesen Stoffen werden die Haut und Geräte zerstört.
E	**E** _ _ _ _ _ _ _ _ _ _ _ _ Ä _ _ _ _ _ +19 −8 −4 +3 +4 −10 +6 −1 +5 −12 −2 +1 → +2 +10 −6 −3 −6 +5	Unter bestimmten Umständen könnte dieser Stoff explodieren.
N	**U** _ _ _ _ _ _ _ Ä _ _ _ _ _ −8 +10 −18 +7 +8 −13 −2 +1 → +2 +10 −6 −3 −6 +5	Diese Stoffe haben eine schädigende Wirkung auf Menschen, Tiere, Pflanzen, Luft und Boden.
(Strahlung)	**R** _ _ _ _ _ _ _ _ _ −17 +3 +5 +6 −14 +10 +9 −11 +13	Dieser Stoff kann Strahlenschäden verursachen. Krebsgefahr!

A B C D E F G H I J K L M N O P Q R S T U V W X Y Z

Die Zahlen geben an, wie viele Buchstaben du im Alphabet vor- (+) oder zurück- (−) hüpfen musst!

Metalle

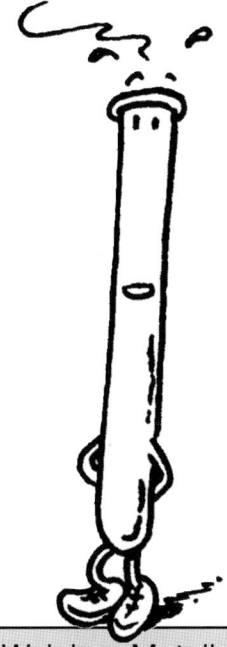

Kreuze die richtigen Antworten an.
Das Periodensystem hilft dir bei der Beantwortung der Fragen.

Wenn du die Buchstaben, die immer rechts unten bei jeder richtigen Antwort stehen, zu einem Lösungswort aneinanderreihst, erhältst du ein eisenhaltiges Abführmittel:

__ __ __ __ __ __ __ __ __ __ __ __

Welches Metall trägt das Elementsymbol Au für das lat. Wort *Aurum*?	○ Aluminium T	○ Gold H	○ Silber M
Wie heißt das einzige Metall, das bei Zimmertemperatur flüssig ist?	○ Zinn U	○ Blei O	○ Quecksilber A
Welches sehr harte Metall hat die Ordnungszahl 78 im Periodensystem?	○ Eisen S	○ Iridium R	○ Platin N
Dieses Metall ist das „W" (die Wendel) in der Glühbirne.	○ Wolfram D	○ Wolfgang G	○ Wolfspelz I
Welches Metall liegt zwischen Eisen und Nickel und ist auch ein ferromagnetischer Stoff?	○ Mangan K	○ Cobalt S	○ Natrium L
Dieses Element ist ein rotbraunes Metall.	○ Kupfer C	○ Rhodium E	○ Vanadium N
Wie nennt man eine Mischung verschiedener Metalle?	○ Legion W	○ Lackierung T	○ Legierung H
Ein Metall der 3. Hauptgruppe, das zur Herstellung von Getränkedosen verwendet wird.	○ Zink L	○ Lithium F	○ Aluminium E
Wie nennt man Elemente, die weder Metalle noch Nichtmetalle sind?	○ Teilmetalle A	○ Halbmetalle L	○ Viertelmetalle D
Welches Metall hat die relative Atommasse 24,3?	○ Magnesium L	○ Mangan T	○ Molybdän A
Dieses Element ist der beste elektrische Leiter.	○ Calcium U	○ Eisen A	○ Silber E
Welches Element steht an 22. Stelle im Periodensystem?	○ Titan N	○ Tantal B	○ Thallium R

Eisen und Stahl

Schneide die Puzzleteile aus und lege sie so aneinander, dass Sätze mit richtigen Aussagen entstehen.

Wenn du das Puzzle richtig zusammensetzt, erhältst du ein „Kraftpaket aus Stahl".
Klebe das Puzzle in dein Heft. Schreibe die 13 richtigen Sätze darunter. Versuche dabei, sie sinngemäß zu ordnen.

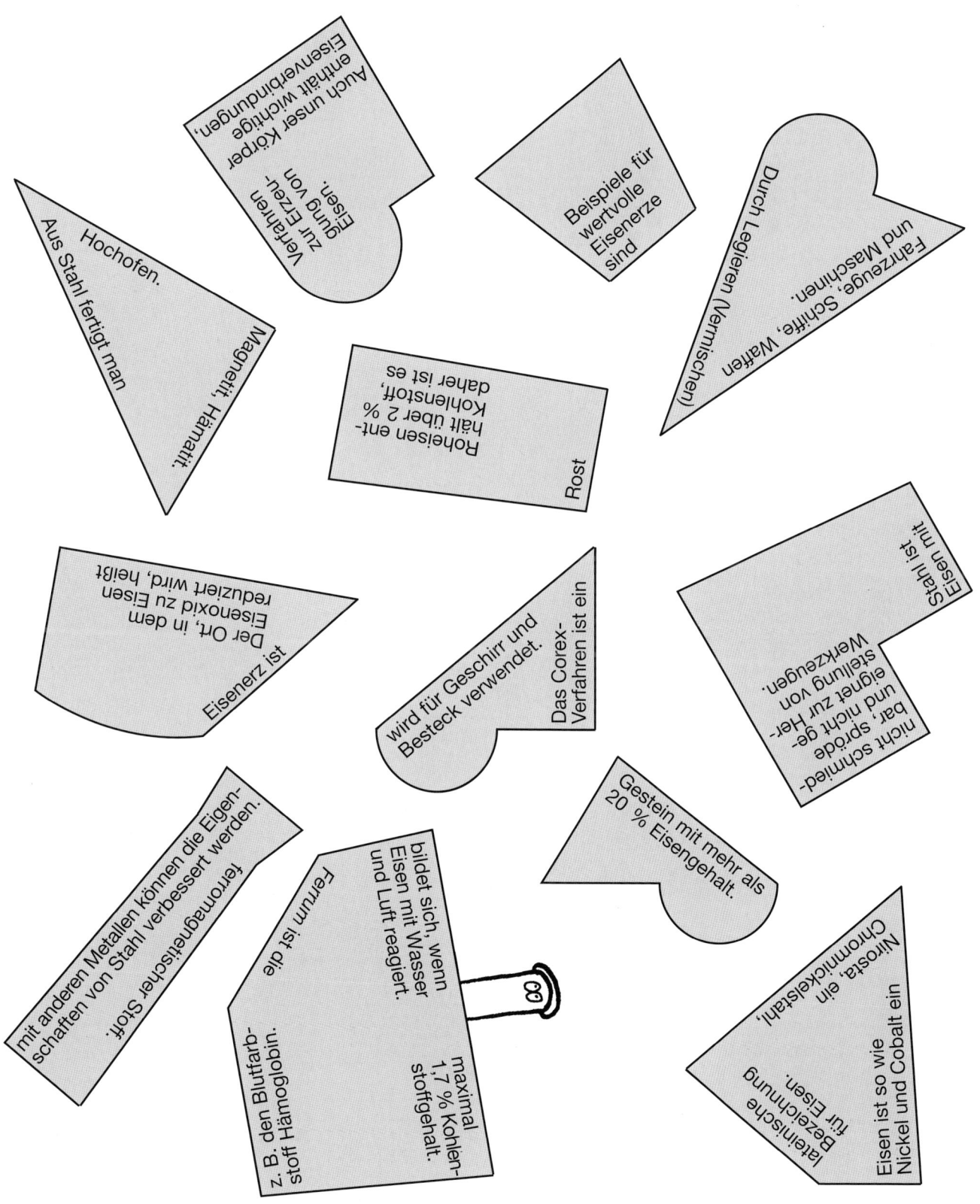

Rund um den Kohlenstoff

1. harter, schwarzer Feststoff, der in Millionen von Jahren aus abgestorbenen Tieren und Pflanzen entstanden ist
2. Schreibgerät aus Holz mit Kohlenstoffmine
3. Heizgerät
4. Kohlenstoff ist das ... Element im Periodensystem.
5. farbloses, geruchloses Gas, das Getränke sprudeln lässt
6. Ort, wo die Kohle abgebaut wird
7. graue Form des Kohlenstoffs, leitet als einziges Nichtmetall den elektrischen Strom
8. „verkohlte" Steinkohle, die in Hochöfen verwendet wird
9. Kohlenstoff kommt in jeder ... Substanz vor.
10. kristalline, durchsichtige Form des Kohlenstoffs
11. Die Verarbeitung von Kohle zu Koks, Kohlegas, Teer etc. nennt man „trockene ...".
12. sehr giftiges, geruchloses Gas, das bei der unvollständigen Verbrennung von kohlenstoffhaltigen Materialien entsteht

Petra Pichlhöfer: Rätselblätter Chemie
© Persen Verlag

Der Müllberg wächst!

In unserem Müllsack hat sich eine ganze Menge Müll angesammelt.
„Fülle" den passenden Müll in den richtigen Sammelbehälter.
Z. B. gehören Batter**I**en zum Sondermüll, also kommt das **I** in den Sondermüllbehälter in den Kreis mit der 1 usw.

Wenn du alles richtig entsorgt hast, verraten dir die Buchstaben von oben nach unten gelesen:

gelesen:
Du bist ein _____

Papier-Rätsel

Ä = AE
Ö = OE
Ü = UE

1. aus Schilfgras gewonnenes Schreibmaterial der alten Ägypter
2. aus Tierhäuten gewonnenes „Papier"
3. großflächiger Werbeträger
4. täglich neu erscheinendes Informationsmedium aus Papier
5. Grundbaustein des Papiers
6. Umweltfreundliche Verfahren benutzen zum Bleichen von Papier diesen Stoff.
7. handwerkliche Art der Papiererzeugung
8. ... wird gesammelt, um daraus neues Papier herzustellen.
9. Um wertvolle alte Schriftstücke und Bücher zu erhalten, werden diese ...
10. anderes Wort für Aktie
11. asiatische Papierfalttechnik
12. maschinelles Verfahren, um Buchstaben auf Papier zu bringen
13. sehr dickes Papier, dient zur Verpackung

Rund ums Wasser

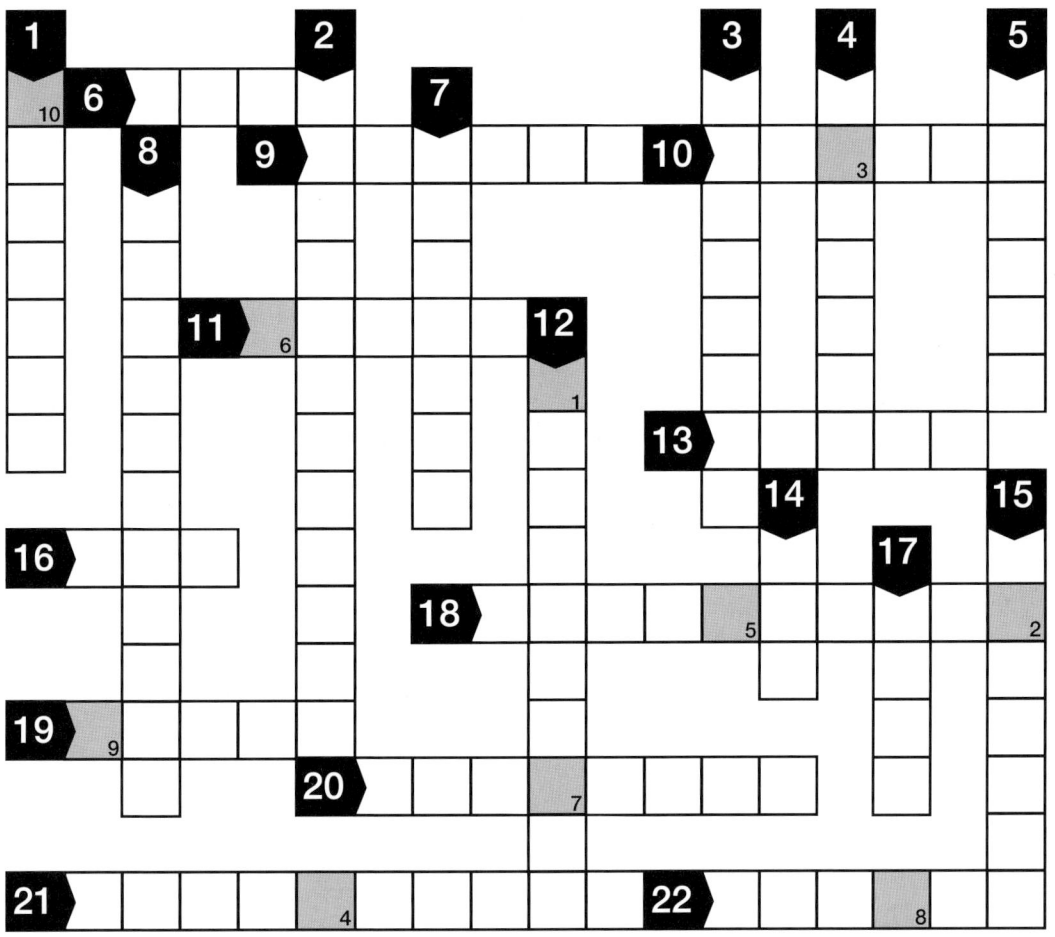

1. den Durst löschen
2. In ihr fließt Abwasser ab.
3. Überlandleitung von Wasser
4. Mann, der eine Temperaturskala nach Gefrier- und Schmelzpunkt von Wasser benannte
5. heißer Wasserausstoß aus der Erde (auf Island zum Beispiel)
6. verantwortlich für den Härtegrad des Wassers
7. Blumen mit Wasser tränken
8. mit Süßwasser gemischtes Meerwasser
9. Fangsport am Wasser
10. natürlicher Wasseraustritt aus Boden oder Stein
11. breiter Wasserlauf
12. Anlage zur Reinigung des Abwassers
13. Abgrenzung des Meeres zum Festland
14. gefrorenes Wasser
15. Er fördert Grundwasser zutage.

16. morgendliche Feuchte
17. dauernd feuchtes, schlammiges Gelände
18. Raum, in dem Wasser zur Körperreinigung genutzt wird
19. Niederschlag
20. Wassergefäß, in dem man Fische halten kann
21. wenn Wasser gasförmig wird
22. mit Wasser gefüllter Geruchsverschluss im WC

Das Lösungswort ergibt sich aus den grau unterlegten Buchstaben:

1	2	3	4	5	6	7	8	9	10

Elektrolyse des Wassers

Früher glaubte man, dass Wasser ein Grundstoff, ein Element, sei. Erst in den letzten Jahrhunderten stellte man fest, dass sich Wasser in einfachere Bestandteile zerlegen lässt.

1. Wasser wird zerlegt im ...'schen Zersetzungsapparat.
2. Produkt bei der Zerlegung (Gas, leichter als Luft)
3. Gas, das ebenfalls bei der Elektrolyse von Wasser entsteht
4. Dieses Gas ist ... als Luft.
5. negative Elektrode
6. Welcher Strom wird für den Versuch benötigt?

7. Mischt man O_2 und H_2 wieder, entsteht ...
8. Die Energie der Reaktion der beiden Gase wird auch zum ... von Metall verwendet.
9. Auch ... werden so angetrieben.
10. Bei der Trennung entsteht ... so viel H_2 wie O_2.
11. Welche Ladung hat die Anode?
12. Wie nennt der Chemiker eine Zerlegung?

Die Zerlegung von Wasser erfordert sehr viel Energie.
Reaktionen, die Energie verbrauchen, nennt man

__ __ __ __ __ __ __ __ __ __   Reaktionen.
1 2 3 4 5 6 7 8 9 10

Petra Pichlhöfer: Rätselblätter Chemie
© Persen Verlag

Zersetzung von Wasser

Ergänze den Lückentext und beschrifte die Abbildung.

Wasser kann mithilfe des ☐ _ _ _ _ _ _ _ _ _ _ _ _
 8

_ _ _ _ ☐ _ _ in zwei Gase gespalten werden.
 6

Das nennt man eine _ _ _ ☐ _ _ _ ☐ _ _ _ _
 10 5

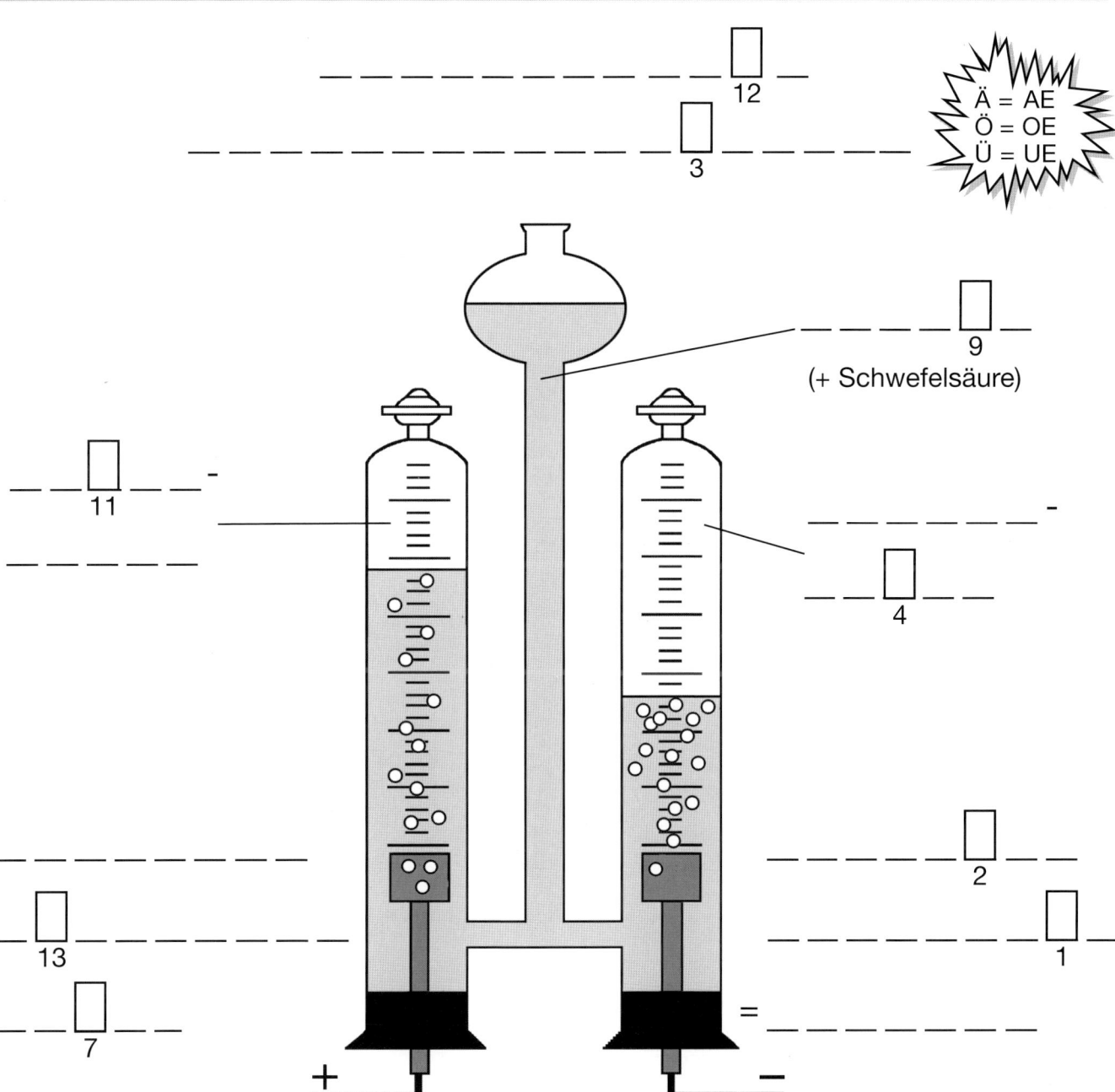

_ _ _ _ _ _ _ _ _ _ ☐ _
 12

_ _ _ _ _ _ _ ☐ _ _ _ _
 3

Ä = AE
Ö = OE
Ü = UE

_ _ _ _ ☐ _
9
(+ Schwefelsäure)

_ _ _ ☐ _ -
11
_ _ _ _ _

_ _ _ _ _ _ -
_ _ _ ☐ _ _ _
4

_ _ _ _ _ _ ☐ _
2

_ _ ☐ _ _ _ _ _ _ ☐ _
13 1

= _ _ ☐ _ _ _
7

+ −

= _ _ _ _ _ _

Die umrahmten Buchstaben ergeben das fehlende Wort im Lösungssatz:
DAS WASSERMOLEKÜL IST EIN ...

_ _ _ _ _ _ _ _ _ _ _ _ _
1 2 3 4 5 6 7 8 9 10 11 12 13

Sauerstoff und Wasserstoff

> Wasser besteht aus den Elementen Sauerstoff und Wasserstoff. Diese beiden Gase haben ganz andere Eigenschaften als Wasser, in dem Sauerstoff und Wasserstoff chemisch gebunden sind.

Kreuze jeweils an, auf welches der beiden Elemente diese Eigenschaften zutreffen.

	Sauerstoff	Wasserstoff
... ist das leichteste Element (14 x leichter als Luft).	○ W	○ K
... ist leicht brennbar. Aus diesem Grund werden Ballons nicht mehr damit gefüllt.	○ AS	○ NA
... wird in einer blauen Stahlflasche aufbewahrt.	○ L	○ S
... fördert Verbrennungen.	○ LG	○ ER
... hat das chemische Symbol H.	○ UM	○ AS
... hat eine größere Dichte als Luft und sinkt daher zu Boden.	○ R	○ T
... wird in einer roten Stahlflasche aufbewahrt.	○ UR	○ AK
... ist sehr reaktionsfähig, verbindet sich zu Oxiden.	○ ETE	○ BEI
... ist das im Weltall am häufigsten vorkommende Element. (Die Sonne besteht vor allem daraus!)	○ HI	○ NT
... hat die Ordnungszahl 1 im Periodensystem.	○ PU	○ REI
... hat das chemische Symbol O.	○ B	○ FE
... ist in kleinen Mengen wasserlöslich. (Die Fische filtern es aus dem Wasser.)	○ ST	○ K
... ist ein Element der 6. Hauptgruppe des Periodensystems.	○ O	○ IE
... ist kaum wasserlöslich, aber löslich in Metallen.	○ HR	○ FF

Aus den Buchstaben bei jeder richtigen Antwort erhältst du von oben nach unten gelesen die beiden explosiven Lösungswörter:

Ein Gemisch aus Sauerstoff und Wasserstoff heißt _____ .

Das ist ein sehr energiereicher Stoff und wird daher als _____ verwendet.

Verbindungen mit Sauerstoff

Einen chemischen Vorgang, bei dem sich ein Stoff mit Sauerstoff verbindet, nennt man:

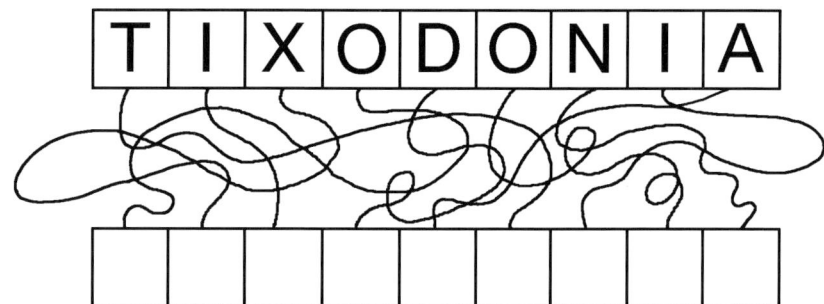

Bei der Oxidation unterscheidet man 3 Arten. Wenn du die Bilderrätsel richtig löst, findest du aus ihren Anfangsbuchstaben die richtigen Bezeichnungen.

1. Eine Oxidation, die unter Abgabe von Licht und Hitze abläuft,
    nennt man:

2. Eine sehr schnell und heftig ablaufende Oxidation,
    bei der sich Gase rasch ausdehnen, nennt man:

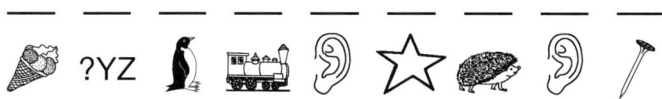

3. Eine ganz langsam stattfindende Oxidation von Eisen nennt man:

Schadstoffe in unserer Luft

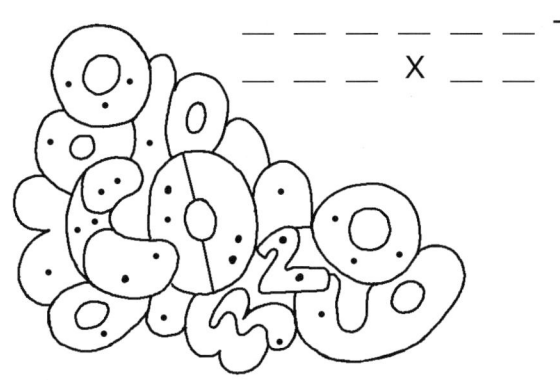

_ _ _ _ _ _ -
_ _ _ X _ _ _

Es ist ein farbloses Gas, das schwerer als Luft ist. Von Menschen und Tieren wird es ausgeatmet. Es kann in Weinkellern vermehrt entstehen und wirkt dann erstickend. Eine Kerze, die nahe des Bodens gehalten wird, erlischt und warnt damit vor diesem Gas. In Feuerlöschern wird dieses Gas zum Löschen von Bränden eingesetzt. Der Gehalt dieses Gases in der Luft nimmt ständig zu und führt zum sogenannten „Treibhauseffekt". Dieses Gas lässt sich mit Kalkwasser nachweisen.

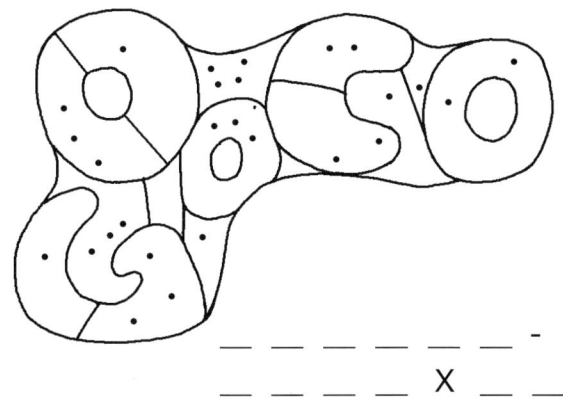

_ _ _ _ _ _ -
_ _ _ _ X _ _

Dieses farb- und geruchlose Gas ist leichter als Luft und entsteht, wenn kohlenstoffhaltige Brennstoffe unter Sauerstoffmangel verbrennen. Es tritt z. B. in Abgasen von Kraftfahrzeugen (mit Verbrennungsmotoren) und im Tabakrauch auf. Es ist schon in geringen Mengen giftig. Im Haushalt kann es durch dieses Gas bei schlecht belüfteten Öfen zu einer „Rauchgasvergiftung" kommen. Auch in Garagen oder Tunneln kann es zu lebensgefährlichen Konzentrationen kommen, daher muss dort gut belüftet werden.

_ _ _ _ _ _ _ _ -
_ _ _ X _ _ _

Es ist ein farbloses, stechend riechendes Gas, das vor allem von Wärmekraftanlagen und Industriebetrieben abgegeben wird. Es reizt Schleimhäute und ist giftig. Bei Vulkanausbrüchen wird die Luft auf natürlichem Wege mit diesem Gas verschmutzt. Es ist einer der Hauptverursacher des „Sauren Regens". Dieses Gas trägt zur Schädigung von Bäumen und zur Versauerung der Gewässer bei. Waldsterben und Fischsterben können die Folge sein.

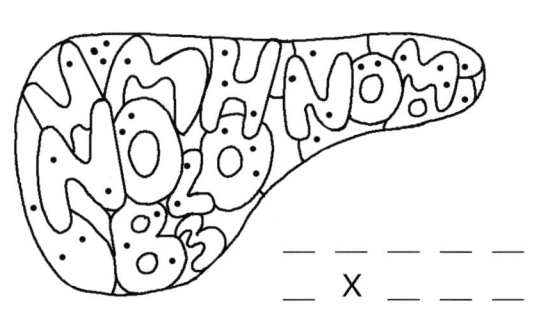

_ _ _ _ _ _ _ -
_ X _ _ _ _

Diese Gase entstehen bei der Verbrennung von Stickstoff. Sie sind wesentliche Bestandteile von Autoabgasen und Heizanlagen, die mit Kohle, Öl oder Gas betrieben werden. NO_x blockiert die Atmung und könnte die Ozonschicht der Erde zerstören. NO_x schädigt Pflanzen und ist Mitverursacher des Waldsterbens. Diese Gase tragen auch zur Smogbildung bei.

Male in den Zeichnungen nur die Felder an, die zwei Punkte haben!
Die unterstrichenen Buchstaben im Text verraten dir die Namen der „Luftverschmutzer".
Genau schauen!!!
(Weil das X kaum vorkommt, steht es schon da!)

Stickstoff

Stickstoff ist ein Gas, das dauernd um uns herum ist, weil es der Hauptbestandteil unserer Luft ist. Was weißt du eigentlich darüber?

Kreuze jeweils WAHR oder FALSCH an.

Die Silben/Wörter bei jeder richtigen Antwort ergeben von unten nach oben gelesen einen Ausspruch von Sir Isaac Newton, der nicht nur der Entdecker der Schwerkraft war, sondern auch ein großer Alchemie-Fan.

	WAHR	FALSCH
Stickstoff ist ein farbloses Gas, das aber ziemlich stinkt.	○ ein!	○ aus!
Stickstoff kommt in der Luft zu ca. 78 % vor.	○ vor	○ nach
Das Elementsymbol für Stickstoff ist St.	○ lich	○ ung
Bei –196 °C wird Stickstoff flüssig.	○ mut	○ gleis
Lebensmittel werden durch Besprühen mit flüssigem Stickstoff schnell eingefroren und so länger haltbar gemacht.	○ Ver	○ Ent
Verbindungen von Stickstoff sind grundlegende Bestandteile von Eiweiß.	○ kühne	○ kalte
Weil das Weltall stark stickstoffhaltig ist, kann man dort nicht atmen.	○ zwei	○ eine
Nitrate enthalten Stickstoff.	○ ging	○ macht
Stickstoff ist ein Edelgas.	○ nis	○ ung
Moderne Autos werden mit Stickstoff angetrieben.	○ säum	○ deck
Stickstoffdünger sind unentbehrlich in der modernen Landwirtschaft.	○ Ent	○ Ver
Stickstoff wird auch als Treibgas in Sahnesprühdosen verwendet.	○ großen	○ kleinen
Der Stickstoff ist Schuld an der „Taucherkrankheit", z. B. bei zu schnellem Auftauchen von Tiefseetauchern.	○ Jeder	○ Keiner

Ausspruch:

„_____

_____!"

Sir Isaac Newton (1642 – 1727)

Säuren und Basen

1. Bei der Reaktion von HCl und NaOH entsteht Wasser und ein ...
2. „Anzeiger" für Säuren oder Basen nennt man ...
3. Säuren färben sich mit Universalindikator ...
4. Ein Stoff, der weder sauer noch basisch ist, ist ...
5. NaOH bedeutet ...
6. Zitronensaft und Essig sind ...
7. Ein Maß für Säuren ist die Konzentration der ...
8. Ein Maß für die Stärke einer Säure oder Base ist der ...
9. HCl bedeutet ...
10. Seifenwasser und Abflussreiniger sind ...
11. Säuren und Laugen können sehr gefährlich sein: giftig und ...d.
12. Basen färben sich mit Universalindikator ...
13. Wasser hat einen pH-Wert ...
14. Eine Reaktion einer Säure und einer Base zu Wasser und einem Salz heißt ...
15. Der Universalindikator hat im neutralen Bereich die Farbe ...
16. Eine neutrale Flüssigkeit ist zum Beispiel ...

Lösungswort: __ __ __ __ __ __ __ __ __ __ M __

          1   2   3   4   5   6   7   8   9   10   11

Chemische Formeln

Verbinde die Säure oder Base mit der dazugehörenden chemischen Formel mit einem geraden Strich von Kreis zu Kreis.

Alle Buchstaben und Satzzeichen, die NICHT auf Verbindungslinien liegen, ergeben – von oben nach unten gelesen – den Ausspruch:

➔ _____

Salzsäure ○	N E C R R H L T B Ä T A S Z Z E N G B F D T S ! ?	○ HNO_3
Schwefelsäure ○		○ H_2SO_3
Schweflige Säure ○		○ HCL
Phosphorsäure ○		○ KOH
Salpetersäure ○		○ H_2SO_4
Kohlensäure ○		○ H_3PO_4
Natronlauge ○		○ NaOH
Kalilauge ○		○ NH_4OH
Löschkalk (Calciumhydroxid) ○		○ H_2CO_3
Salmiakgeist ○		○ NH_3
Ammoniak ○		○ $Ca(OH)_2$

Petra Pichlhöfer: Rätselblätter Chemie
© Persen Verlag

Rund um die Batterie

Zur Erzeugung von Gleichspannung dienen ...	○ M gallische Elemente	○ E galvanische Elemente	○ D gerade Elemente
Das erste galvanische Element wurde von einem Italiener erfunden namens ...	○ I Alessandro Volta	○ A Alfredo Kaputto	○ E Luigi Akkumulatore
Er hat bei seinem Versuch 2 Metalle eingetaucht in ...	○ N verdünnte Schwefelsäure	○ S warmen Orangensaft	○ R eiskaltes Badewasser
Die Batterieflüssigkeit (Brei) wird so genannt.	○ E Elektrolyt	○ P Elektronen	○ U Elektrostatik
Die 2 Metalle, die in die Flüssigkeit eintauchen, heißen ...	○ L Eremiten	○ Z Elektroden	○ S Engerlinge
Bei Batterien wird chemische Energie in ... verwandelt.	○ U Lichtenergie	○ D Bewegungs- energie	○ I elektrische Energie
Das Batterieprinzip beruht auf der unterschiedlich schnellen ...	○ T Zersetzung der Elektroden	○ G Bewegung der Elektroden	○ L Verschmutzung des Elektrolyts
Eine Monozelle liefert ... Volt.	○ R 1,5	○ A 900	○ F 0,001
Um eine 9 V Batterie zu bauen, schaltet man einzelne Elemente ...	○ I parallel	○ O in Serie	○ E kurz
Batterien enthalten Umweltgifte und gehören daher zum ...	○ L Altglas	○ B Restmüll	○ N Sondermüll
Sieht aus wie eine Batterie, kann aber wieder aufgeladen werden.	○ A Akkordeon	○ E Akkumulator	○ U Akkusativ

Kreuze die richtigen Antworten an.

Wenn du die Buchstaben, die immer links unten bei jeder richtigen Antwort stehen, aneinanderreihst, erhältst du als Lösung etwas, das man nicht mit Worten ausdrücken kann:

_ _ _ _ _ _ _ _ _

Der Mensch benötigt täglich Eiweiße (Proteine), Kohlenhydrate, Fette sowie Vitamine und Mineralstoffe. Diese Grundnährstoffe und Spurenelemente müssen daher mit der Nahrung aufgenommen werden.

Im Suchgitter sind 20 Nahrungsmittel versteckt. Findest du sie alle?
Trage alle Nahrungsmittel unten in die Tabelle ein!

W	I	N	T	E	R	S	P	O	R	T	S	C	H	I	L	T	M
E	S	C	H	R	Ä	P	F	E	L	H	G	R	E	I	S	O	U
I	S	C	H	W	E	I	N	E	F	L	E	I	S	C	H	M	S
Z	A	U	B	E	R	L	I	S	I	D	E	N	T	N	I	A	T
E	L	I	S	E	W	Z	W	I	S	T	O	D	R	U	M	T	I
N	A	K	O	R	S	E	C	T	C	I	O	F	L	D	Ö	E	K
M	T	H	O	B	I	A	S	C	H	U	L	L	T	E	M	N	A
E	X	T	R	S	O	L	M	E	N	S	C	E	J	L	Ü	K	R
H	Ü	H	N	E	R	E	I	E	R	B	Z	I	R	N	G	H	T
L	E	N	A	N	U	L	L	V	C	U	T	S	O	Z	F	W	O
D	A	M	E	D	T	S	C	H	I	T	R	C	S	U	P	U	F
W	Q	V	Y	J	O	G	H	U	R	T	D	H	A	U	I	R	F
B	A	N	A	N	E	N	H	U	T	E	D	G	M	K	Ä	S	E
X	V	O	L	L	K	O	R	N	B	R	O	T	R	E	T	T	L

_____   _____   _____

_____   _____   _____

_____   _____   _____

_____   _____   _____

_____   _____   _____

_____   _____

Überlegt gemeinsam, welche dieser Nahrungsmittel hauptsächlich Kohlenhydrate, Fette oder Proteine beinhalten.
Tipp: Lexikon oder Kalorientabelle für die Nährstoffangaben zu Hilfe nehmen!

Kohlenhydrate

Was bedeutet diese „Lösung"?

1. Element, das in Kohlenhydraten vorhanden ist und beim Erhitzen sichtbar wird
2. Kohlenhydrate bestehen aber auch aus Sauerstoff und ...stoff.
3. Monosaccharid, das vor allem in Früchten vorkommt
4. für den Menschen unverdaulicher Vielfachzucker
5. Aus diesem Wurzelgemüse wird unser Haushaltszucker gewonnen.
6. süße Mischung aus Traubenzucker und Fruchtzucker, die von Bienen gesammelt wird
7. Zellulose hat die Form von ...
8. Energiespender für Sportler, wird auch Glucose genannt
9. anderes Wort für Monosaccharid
10. Die Bauformel des Traubenzuckers sieht aus wie ein ...-Eck.
11. Vielfachzucker, der vor allem in Getreide, Bohnen und Kartoffeln vorhanden ist
12. Zuckersaft, der in der Zuckerfabrik abgetrennt wird

Eiweiß – ein wichtiger Nährstoff

Schneide die Puzzleteile aus und lege sie richtig aneinander.

Wenn du das Puzzle richtig zusammensetzt, erhältst du ein eiweißhaltiges Lebensmittel.
Klebe das Puzzle in dein Heft und schreibe die zehn entstandenen Aussagen als
Merksätze darunter.

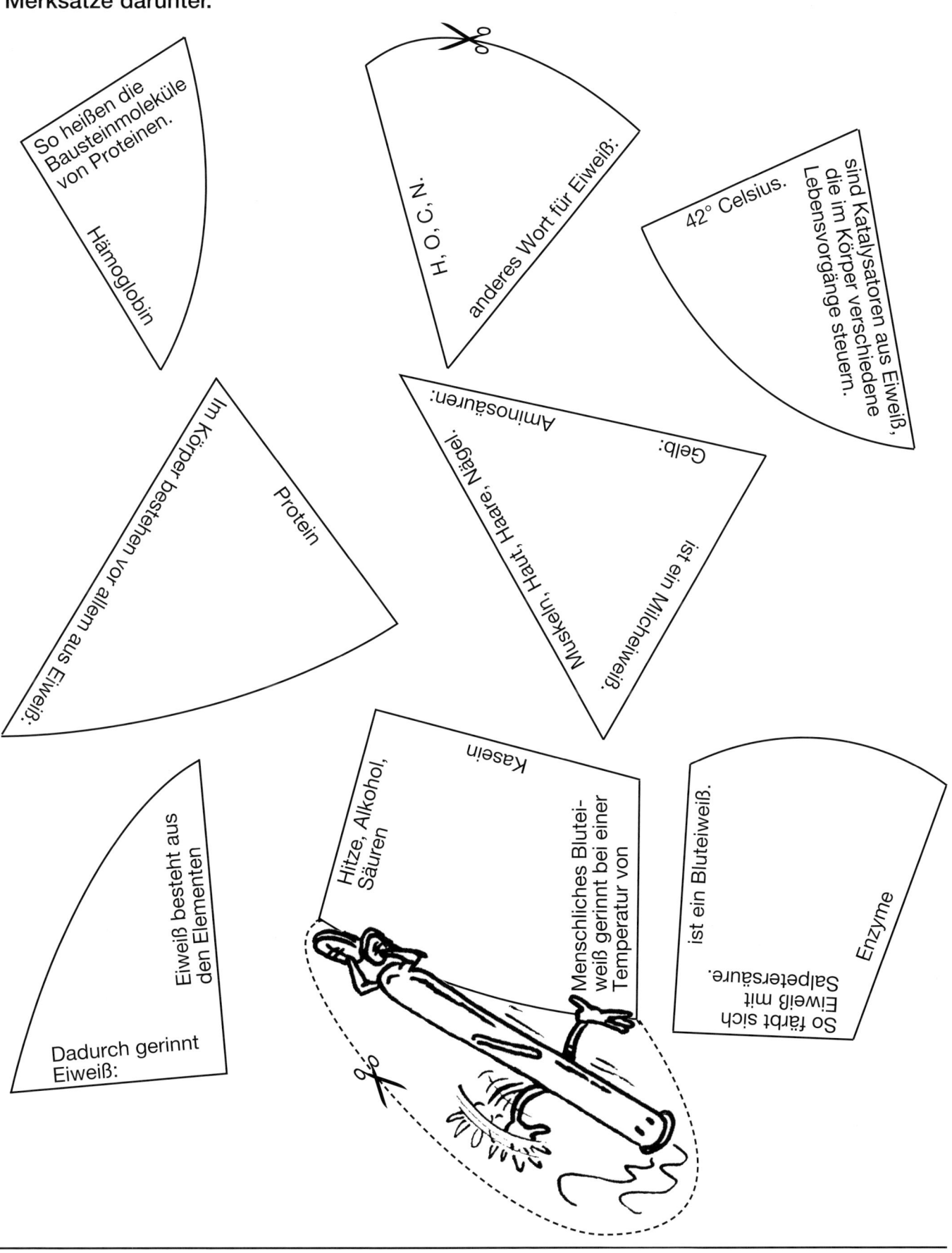

Fette

1. ein aus Milch gewonnenes Speisefett
2. guter Fettlöser
3. fein verteilte Fetttröpfchen in Wasser
4. von Walen gewonnenes Öl
5. Konsum von zu viel Fett fördert …
6. anderes Wort für „Herauslösen"
7. Fremdwort für „Fette"
8. Butterersatz, Brotaufstrich
9. sich in Fetten leicht lösend
10. Es gibt tierische und … Fette.
11. Öle sind bei Zimmertemperatur …
12. Fette sind Verbindungen aus Wasserstoff, Sauerstoff und …

13. Fette verbrennen mit … Flamme.
14. Fette, die „schlecht" werden, werden …
15. Brennendes Fett nie mit … löschen!
16. aus tierischem Fettgewebe gewonnenes Fett
17. Damit kochen vor allem griechische Köche gern.
18. in heißem Fett ausbacken
19. Fette bestehen aus … und Fettsäuren.
20. Fettsäuren mit lauter Einfachbindungen nennt man …

Die grau unterlegten Buchstaben ergeben als Lösung etwas, was man besser nicht sollte:

‾1‾ ‾2‾ ‾3‾ ‾4‾ ‾5‾ ‾6‾ ‾7‾ ‾8‾ ‾9‾ ‾10‾ ‾11‾ ‾12‾ ‾13‾ ‾14‾ ‾15‾ ‾16‾ ‾17‾ ‾18‾ ‾19‾ ‾20‾ ‾21‾

Petra Pichlhöfer: Rätselblätter Chemie
© Persen Verlag

Lebensmittel können leicht verderben. Sie können schimmeln, ranzig werden oder verfaulen. Schuld daran sind Mikroorganismen, wie Pilze und Bakterien, die beim Konservieren abgetötet werden, oder deren Vermehrung verhindert wird.

Entziffere die Geheimschrift, dann weißt du, wie die Konservierungsarten heißen.

Ä = AE
Ö = OE
Ü = UE

Konservierungsart	Wie funktioniert's?	Beispiele
(Geheimschrift)	Abkühlung bei 2 bis 6 °C für kurze Zeit, zum Beispiel im Kühlschrank	Wurst, Käse, Gemüse
(Geheimschrift)	Herunterkühlen auf Temperaturen zwischen -40 °C und -18 °C	Fleisch, Gemüse, Fisch, Obst, fertige Gerichte
(Geheimschrift)	Feuchtigkeitsentzug an der Luft oder durch Heißluft	Dörrobst, Hülsenfrüchte, Tee
(Geheimschrift)	Wasserentzug durch Einreiben mit Kochsalz oder Einlegen in Kochsalzlösung	Fleisch, Wurst, Fisch
(Geheimschrift)	Flüssigkeitsentzug aus tiefgekühlten Lebensmitteln in Vakuum	Kaffee, Pilze, Früchte, Gemüse
(Geheimschrift)	Flüssigkeitsentzug durch Wärmeeinwirkung, gleichzeitige Aufnahme von Bakterien tötenden Stoffen	Fleisch, Käse, Fisch
(Geheimschrift)	Einlegen in konservierende Flüssigkeiten (Alkohol, Essig, Salzlösung, …)	Gurken, Oliven, Früchte
(Geheimschrift)	Hitzeeinwirkung von 80 bis 120 °C für mindestens 15 Minuten	Konserven
(Geheimschrift)	kurzes Erhitzen bis knapp unter 100 °C	Milch und Milchprodukte

Zu schwierig? Hier ein paar Lösungshilfen:

(Geheimschrift) C H E M I E

A: | E: ||

B: ┼   F: ╪ | || ||| |||| |||||

C: ╤   G: ╪

D: ╪   H: ╪

Für die Vokale A, E, I, O, U stehen die senkrechten Striche.

SALZ

Jeden Tag nimmst du es mit Speisen zu dir: das Kochsalz.
Doch was weißt du eigentlich darüber?

Verbinde zusammengehörende Satzteile mit einer geraden Linie von Kreis zu Kreis.

Buchstaben, die nicht von einer Verbindungslinie durchzogen werden, ergeben die Lösung. Lies von oben nach unten!

Lösung:

⟹ _ _ _ _ _ _ _ _ _

Was hat das Lösungswort mit Salz zu tun?

Weil Kochsalz ein Bestandteil der Erdkruste ist, wird es bezeichnet als … ○	T	○ Hallstadt, Bad Ischl, Bad Reichenhall, …
Meerwasser enthält etwa … ○	S O	○ Ionen.
Salzbergwerke findet man z. B. in … ○	A	○ Pökeln (Einsalzen).
Die wässrige Salzlösung, die später eingedampft wird, heißt … ○	T L	○ 3 % Salz.
Salz ist in Wasser … ○	E Z	○ Natriumchlorid.
Salz ist in Benzin … ○	S W	○ Mineral.
Kochsalz besteht chemisch gesehen aus … ○	A	○ NaCl.
Die chemische Formel von Salz ist … ○	S M	○ 1 g/kg Körpergewicht.
Seine chemische Bezeichnung ist … ○	S S	○ Sole.
Kochsalz wird auch verwendet, um Lebensmittel länger haltbar zu machen. Das nennt man … ○	E	○ Natrium.
Ein Bestandteil von Salz ist ein silbergraues, weiches Metall, nämlich … ○	S	○ Chlor.
Ein anderer Bestandteil von Salz ist ein giftiges, gasförmiges Element. Den Geruch kennst du vom Schwimmbad, nämlich … ○	L	○ löslich.
Kochsalz ist in größeren Mengen giftig! Die tödliche Dosis ist … ○	E R	○ unlöslich.

Petra Pichlhöfer: Rätselblätter Chemie
© Persen Verlag

Manchmal fündig ...

Das Lösungswort nennt dir den Namen einer großen Gruppe chemischer Verbindungen, die aus nur zwei Elementen bestehen!

1. Verkaufsstelle von Erdölprodukten
2. wird nach vielversprechenden Bodenuntersuchungen durchgeführt
3. Plattform auf See zur Ölförderung
4. Vorgang zur Zerlegung des Erdöls in seine Inhaltsstoffe
5. Kraftstoff für Ottomotoren
6. hartes Material des Bohrmeißels
7. Erdöl förderndes Land im Norden Europas
8. Maßzahl für die Klopffestigkeit von Kraftstoffen
9. Zur Gesteinsuntersuchung benutzt man das ... Verfahren.
10. Kraftstoff für Flugzeuge
11. Zerbrechen langer Molekülketten
12. fossiler Brennstoff (gasförmig)
13. an dessen Spitze wird der Bohrmeißel befestigt
14. Element mit der Ordnungszahl 6
15. Organisation Erdöl exportierender Länder
16. Industrieanlage zur Gewinnung von Erdölprodukten
17. festes Erdölprodukt, wird auch zur Herstellung von Kerzen verwendet
18. Umweltkatastrophe nach Tankerunfällen

Versuche, die unten stehenden Begriffe ins Bastelgitter einzufügen.
Du wirst staunen, was alles aus Erdöl gemacht werden kann!

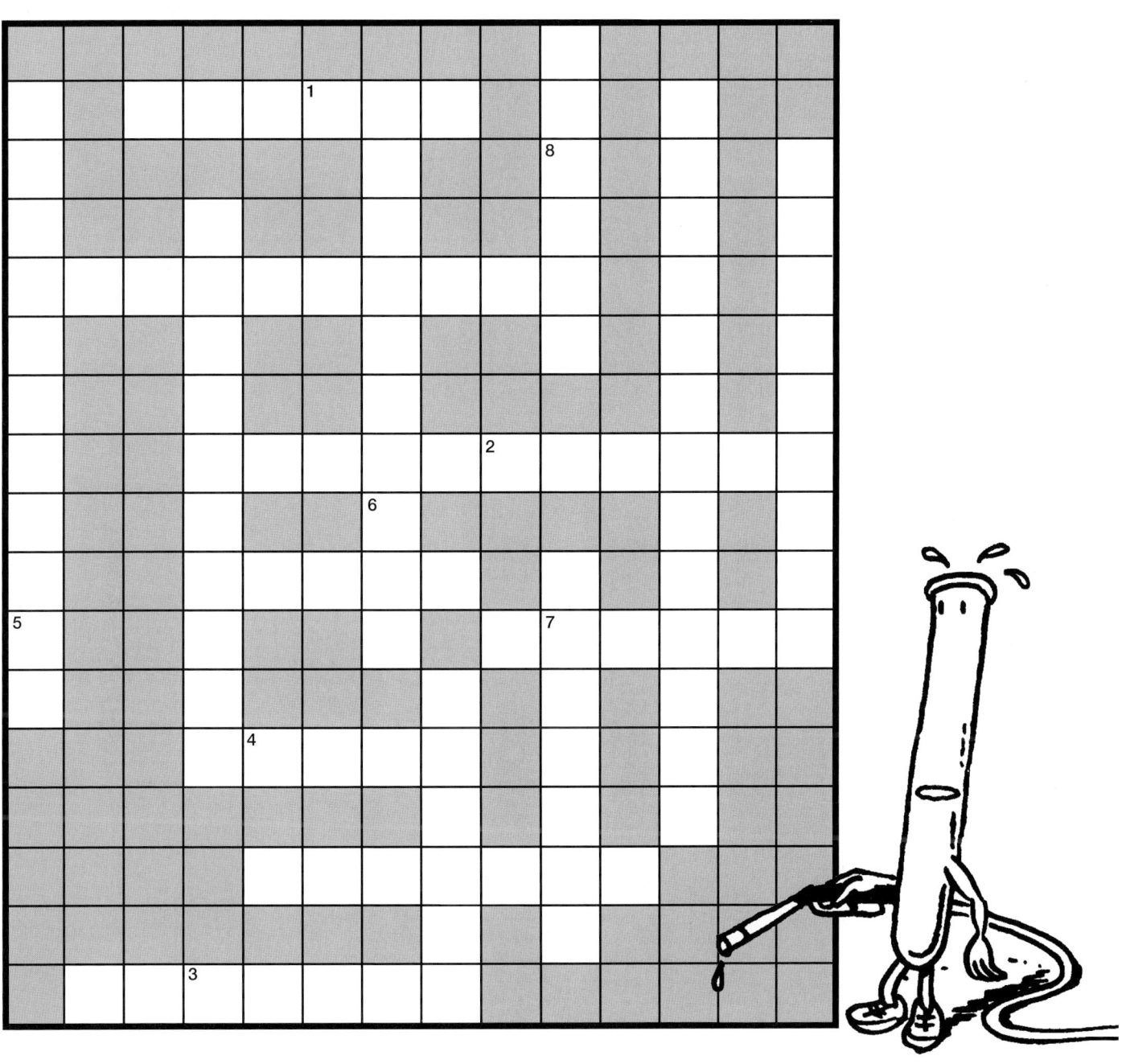

LACKE • TONER • BENZIN • DIESEL • DÜNGER • PROPAN • BITUMEN •
HEIZOEL • KEROSIN • SCHMIERÖL • AUTOREIFEN • PUTZMITTEL •
SCHUHSOHLE • KUNSTSTOFFE • MEDIKAMENTE • WIMPERNTUSCHE

Richtiges Bienenwachs ist teuer. Viele Kerzen werden daher aus einem anderen Stoff
hergestellt, der als Nebenprodukt bei der Erdöldestillation entsteht. Dieser Stoff heißt:

— — — — — — — —
1   2   3   4   5   6   7   8

Schwefel

Die grau unterlegten Buchstaben
ergeben das Lösungswort:

___ ___ ___ ___ ___ ___ ___ ___ ___
 1   2   3   4   5   6   7   8   9

1. Wie heißt die stark hygroskopische Säure H_2SO_4?
2. Wie verhält sich Schwefel im Wasser?
3. Schwefel erscheint in verschiedenen Formen aufgrund der verschiedenen Molekülstrukturen. Wie nennt man dieses Phänomen?
4. Welche Ordnungszahl hat Schwefel im Periodensystem?
5. Wie heißen die Salze der Schwefelsäure?
6. Wie heißt das sulfidische Erz FeS_2 noch?
7. Welche Farbe hat Schwefel?
8. Wie nennt sich die Behandlung gegen Pilze und Bakterien von Weinfässern mit Schwefel: aus...?
9. Wie heißt ein giftiges, nach faulen Eiern riechendes Gas?
10. Bei 119 °C hat Schwefel seinen ...
11. Welche Farbe hat die Flamme bei der Verbrennung zu Schwefeldioxid?
12. Unter welchem Namen ist uns der Baustoff Calciumsulfat besser bekannt?
13. In welchem Nährstoff kommt Schwefel vor?
14. Wie heißt der Vorgang, bei dem mittels Schwefel aus Kautschuk Gummi gewonnen wird?
15. Welchen Aggregatzustand hat Schwefel?

Geschichte vom Glas

Schneide die Zeitstreifen aus und bringe sie
in die richtige Reihenfolge!

Lösung:
(ein Gebäude aus Glas)

_ _ _ _ _ _

_ _ _ _ _ _

E	Bleikristall wurde im 17. Jh. von englischen Glasbläsern erstmals hergestellt.
I	Justus von Liebig bekam 1824 in Giessen eine Professur für Chemie übertragen. Er beherrschte die Kunst des Glasblasens und fertigte seine gläsernen Laborgeräte selbst an.
L	Man glaubt, dass bereits um 3000 v. Chr. in Ägypten und Mesopotamien die Glasherstellung bekannt war.
R	Pyrex-Glas, das sich zur Herstellung von Kochgeschirr eignet, wurde 1915 entwickelt.
V	Die Technik der Glasbläserei ist wahrscheinlich im 2. Jh. v. Chr. in Syrien entstanden.
R	Mit dem 15. Jh. begann die hohe Zeit der Glasmalerei. Kirchen, Paläste und Privathäuser erhielten Glasfenster, die mit historischen Darstellungen oder Wappen bemalt waren.
S	1990 wurde eine Spezialglasscheibe entwickelt, die sich auf Wunsch in eine undurchsichtige Milchglasscheibe (und zurück) verwandeln kann.
O	Das älteste erhaltene Stück Glas stammt ca. aus dem Jahr 1550 v. Chr.!
N	Die Herstellung von Hartglas wurde erstmals von einem Franzosen im Jahre 1874 beschrieben.
I	1929 wurde das Sicherheitsglas erfunden, das z.B. bei den Fenstern von Flugzeugen verwendet wird.
A	1909 wurde die Erfindung des Verbundglases zum Patent angemeldet. (Zelluloidschicht zwischen zwei Glasscheiben!)
U	Die Tontafelbibliothek des assyrischen Königs Ashurbanipal (668-626 v. Chr.) enthielt Keilschrifttexte mit Glasrezepten, von denen das älteste in etwa so lautet: „Nimm 60 Teile Sand, 180 Teile Asche aus Meerespflanzen, 5 Teile Kreide – und Du erhältst Glas."
P	1893 wurde Drahtglas erfunden, das sich zur Herstellung von großen Glasdachkonstruktionen eignet.

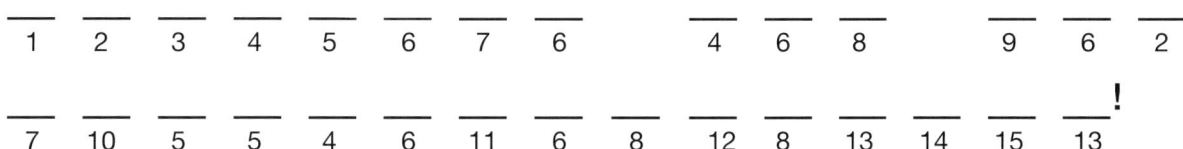

Kunststoffe

Kunststoffe sind aus unserem heutigen Leben kaum mehr wegzudenken. Sie haben viele Vorteile gegenüber herkömmlichen Werkstoffen, z. B. Metall oder Glas. Aber es gibt :

| 1 | 2 | 3 | 4 | 5 | 6 | 7 | 6 | | 4 | 6 | 8 | | 9 | 6 | 2 |

| 7 | 10 | 5 | 5 | 4 | 6 | 11 | 6 | 8 | 12 | 8 | 13 | 14 | 15 | 13 | !

1. Kunststoffe sind Verbindungen des ...s.
2. Kunststoffe, die in kochendem Wasser weich werden
3. Kunststoffe, die in kochendem Wasser nicht weich werden
4. Es verbrennt mit rußender Flamme und riecht dabei süßlich.
5. Bestandteile der Kunststoffe sind ...
6. griechisches Wort für „einfach"
7. Was wird aus Polyethylenterephthalaten (PET) zum Beispiel hergestellt?
8. Verfahren, bei dem das flüssige Plastomer in Formen gespritzt wird
9. Was bedeutet dieses Zeichen (nur erstes Wort!): 
10. Vorgang, bei dem Monomere miteinander verbunden werden, indem kleinere Moleküle von ihnen abgespalten werden
11. Kunststoffe werden hauptsächlich aus ... hergestellt.
12. „Baustein – Moleküle" der Kunststoffe
13. Was ergibt Kautschuk mit 2–3 % Schwefel nach dem Erhitzen?

14. Abkürzung für Polyvenylchlorid
15. Was bedeutet dieses Zeichen: 
16. Vollsynthetische Stoffe dürfen nicht zu ... gewaschen und gebügelt werden.
17. Aus diesem Stoff (PP) werden Elektroinstallationsmaterial, elektrische Haushaltsgeräte und technische Geräte hergestellt.
18. Ein durchgestrichenes Dreieck  auf einem Textiletikett bedeutet: nicht ....
19. Vorgang, bei dem ungesättigte Monomere gesättigte Riesenmoleküle bilden
20. Wie nennt man den Vorgang der Gummierzeugung?

Alkohol – chemisch betrachtet

Kreuze die richtigen Antworten an. Wenn du die Buchstaben, die immer links unten bei jeder richtigen Antwort stehen, aneinanderreihst, erfährst du den Lösungssatz.

Wer wandelt unter Ausschluss von O_2 Traubenzucker in Alkohol und CO_2 um?	S	Algen	R	Hefepilze	D	Viren
Wie heißt dieser Vorgang?	E	Alkoholische Gärung	U	Foto-synthese	B	Atmung
Der berauschende Inhaltsstoff alkoholischer Getränke heißt …	R	Essig	A	Ethanol	H	Extrapol
1 g Ethanol in 1 l Blut bedeutet einen Blutalkoholgehalt von …	S	1 Kalorie	L	1 Prozent	K	1 Promille
Alkohol ist ein Suchtgift. Die tödliche Konzentration im Blut beträgt ca. …	B	20 Promille	F	10 Promille	T	5 Promille
Ethanol ist farblos, klar und …	I	scharf riechend	U	süß riechend	A	nicht riechend
Ethanol siedet bei …	O	78 °C	I	100 °C	E	120 °C
Reines Ethanol ist höchstens 96 %ig und enthält noch 4 % …	T	Zucker	N	Wasser	M	Luft
Alkohol ist kein basischer Stoff, enthält aber trotzdem die Atomgruppe …	O	SO_2	S	OH	I	COOH
Methanol ist sehr gesundheitsschädlich und schon in geringen Dosen (2g/kg Körpergewicht) …	D	bitter	L	sauer	F	tödlich
Methanol und Ethanol sind wegen ihrer Lösekraft gute …	Ä	Reinigungsmittel	U	Klebstoffe	R	Färbemittel
Wegen seiner Wasser anziehenden Wirkung wird Ethanol auch verwendet als …	H	Konservierungsmitttel	S	Badezusatz	A	Fassadenfarbe
Ein ungiftiger Alkohol, der zum Feuchthalten von z. B. Lippenstift verwendet wird, heißt …	I	Glycerin	B	Glutamat	T	Ginko
Ein durch Zusatzstoffe ungenießbar gemachter Alkohol, der vorwiegend technisch gebraucht wird, heißt …	L	Sprit	F	Sputnik	G	Spiritus
Wein enthält ca. …	H	0,2% Ethanol	B	70% Ethanol	K	10% Ethanol
So kann man Alkohol und Wasser trennen, um hochprozentige alkoholische Getränke zu erhalten.	E	Destillation	A	Filtrierung	U	Elektrolyse
Nach der Gärung destillierte alkoholische Fruchtsäfte mit bis zu 40 % Alkohol heißen …	L	Nektar	I	Schnäpse	S	Limonade
Bier wird vor allem hergestellt aus ….	T	Gerste	E	Gurke	N	Reis

Achtung: Alkohol wirkt schon in geringen Mengen enthemmend und vermindert die …

_ _ _ _ _ _ _ _ _ _ -

_ _ _ _ _ _ _ _ _ _ _ !

SUPER SAUBER

Wie gut kennst du dich mit Waschmitteln, Seifen, … aus?
Verbinde zusammengehörende Satzteile mit einer geraden Line von Kreis zu Kreis.
Buchstaben, die nicht von einer Verbindungslinie durchzogen werden, ergeben das
Lösungswort. Lies von oben nach unten.

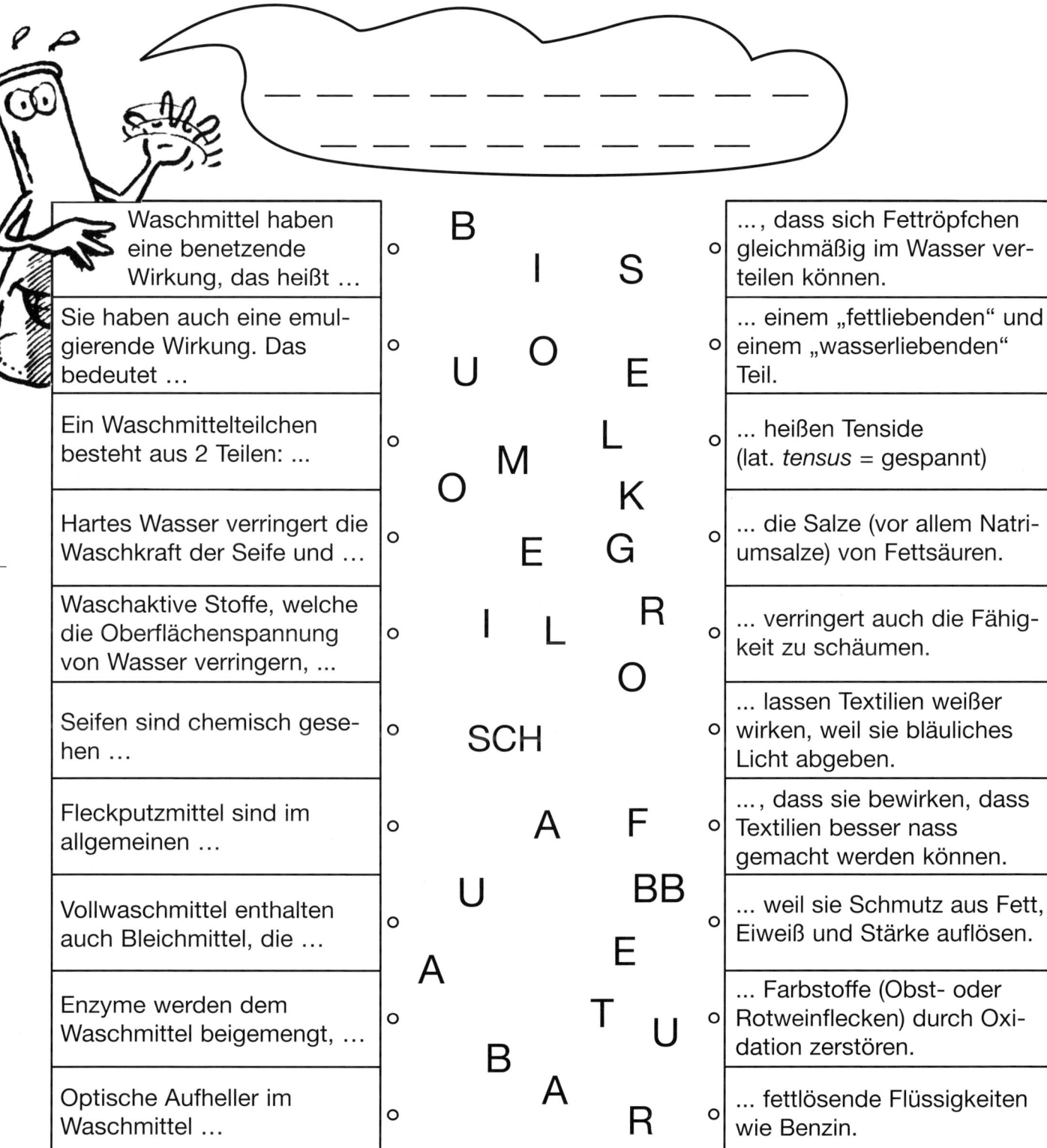

Waschmittel haben eine benetzende Wirkung, das heißt … ○	B I S	○ …, dass sich Fettröpfchen gleichmäßig im Wasser verteilen können.
Sie haben auch eine emulgierende Wirkung. Das bedeutet … ○	U O E	○ … einem „fettliebenden" und einem „wasserliebenden" Teil.
Ein Waschmittelteilchen besteht aus 2 Teilen: ... ○	M L	○ … heißen Tenside (lat. *tensus* = gespannt)
Hartes Wasser verringert die Waschkraft der Seife und … ○	O E K G	○ … die Salze (vor allem Natriumsalze) von Fettsäuren.
Waschaktive Stoffe, welche die Oberflächenspannung von Wasser verringern, ... ○	I L R O	○ … verringert auch die Fähigkeit zu schäumen.
Seifen sind chemisch gesehen … ○	SCH	○ … lassen Textilien weißer wirken, weil sie bläuliches Licht abgeben.
Fleckputzmittel sind im allgemeinen … ○	A F	○ …, dass sie bewirken, dass Textilien besser nass gemacht werden können.
Vollwaschmittel enthalten auch Bleichmittel, die … ○	U BB E	○ … weil sie Schmutz aus Fett, Eiweiß und Stärke auflösen.
Enzyme werden dem Waschmittel beigemengt, … ○	A T U	○ … Farbstoffe (Obst- oder Rotweinflecken) durch Oxidation zerstören.
Optische Aufheller im Waschmittel … ○	B A R	○ … fettlösende Flüssigkeiten wie Benzin.

Was bedeutet dieser Begriff?

Das Wäsche – wasch – Rätsel

Bist du als Hausfrau oder Hausmann geeignet?

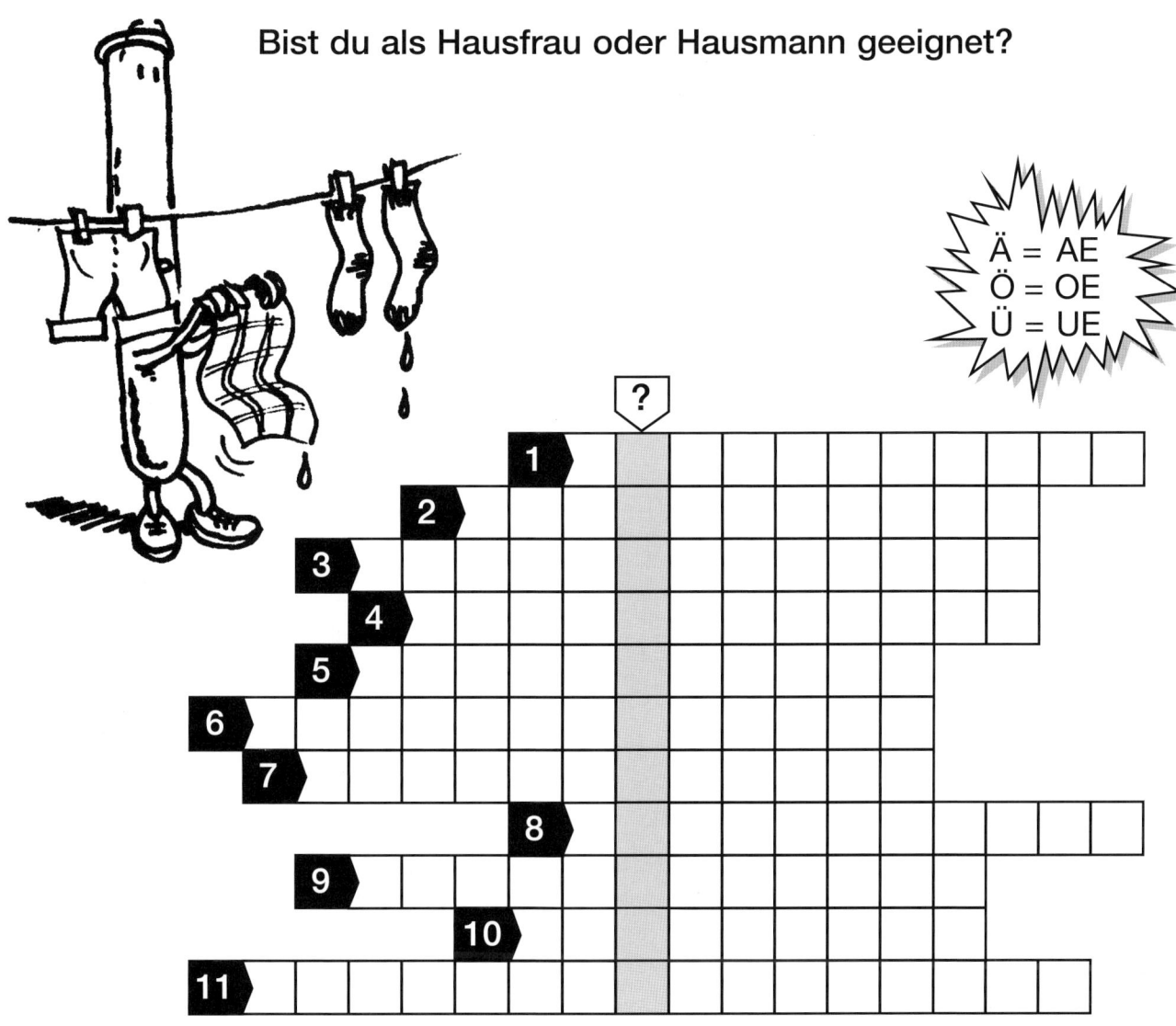

Ä = AE
Ö = OE
Ü = UE

Was bedeuten diese Wäschezeichen und welche Geräte brauchst du für die Wäsche?

1. Nicht Kochwäsche, nicht Feinwäsche, sondern ... 40° 60°	2. 30	3. ⊠	4. Cl
5. Wäsche, die mit 95 °C gewaschen werden kann 95°	6. Gerät, das die Wäsche wäscht	7.	8. Gerät, das die Wäsche glatt und faltenfrei macht
	9.	10. Keine ... Reinigung ⊗	11. F oder P

Geschichte der Chemie

Hier findest du einen kurzen geschichtlichen Überblick über die Chemie. Die zeitliche Reihenfolge ist etwas durcheinandergeraten.

Schneide die Streifen aus und ordne sie richtig.
Als Lösungswort ist gefragt: Was entsteht, wenn zwei Tausendfüßler sich umarmen?

R	E	I	S	S	V	E	R	S	C	H	L	U	S	S
1	2	3	4	5	6	7	8	9	10	11	12	13	14	15

R	Vor 5000 Jahren wusste man schon, wie man Kupfer mit Zinn mischen musste, um Bronze zu erhalten.
E	2900 v. Chr. kannte man in Mesopotamien bereits eine bleichende Seifenpaste.
I	Das erste hergestellte Glas war noch nicht durchsichtig. 1340 v. Chr. tauchten die ersten durchsichtigen Gläser auf.
S	Vor 3000 Jahren entdeckten Menschen, wie man Eisen herstellt; die sogenannte „Eisenzeit" wurde eingeleitet.
S	450 v. Chr. lehrte der Grieche Empedokles, dass alle Stoffe aus 4 Elementen bestehen: Feuer, Wasser, Erde und Luft.
V	350 v. Chr. versuchte Aristoteles, aus weniger wertvollen Metallen Gold herzustellen. Solche Versuche werden als „Alchemie" bezeichnet.
E	Vor 2000 Jahren bauten die Römer aus Beton Straßen und Aquädukte, die teilweise heute noch brauchbar sind.
R	Im Jahre 105 n. Chr. präsentierte ein chinesischer Minister dem Kaiser den ersten auf Papier geschriebenen Text.
S	Wöhler stellte 1827 das erste reine Aluminium bei Versuchen her, zu denen er vom Dänen Ørstedt angeregt wurde.
C	1839 entdeckte der Amerikaner Goodyear, wie man elastischen Gummi durch Vulkanisieren von Kautschuk erzeugen kann.
H	Alfred Nobel entdeckte 1867 das Dynamit, indem er Kieselgur und Nitroglycerin vermischte.
L	1899 wurde das Aspirin gegen Kopfschmerzen vom Chemiker Felix Hoffmann entdeckt. Aspirin wird das bekannteste Arzneimittel der Firma Bayer.
U	Um 1927 gab es die ersten praktischen Erfolge in der Farbfotografie.
S	1929 wurde die erste Chemiefaser, das Nylon, im Labor hergestellt. Die ersten Kleidungsstücke aus Nylon waren Damenstrumpfhosen.
S	Seit dem 20. Jahrhundert hat sich die Chemie fast explosionsartig ausgeweitet: Synthese von komplexen organischen Molekülen wie Vitamine, Antibiotika (Penicillin), die Entschlüsselung des DNS-Moleküls ...

CHEMIE IM ALLTAG

Immer wieder hört man von Umweltkatastrophen, die durch Chemiewerke verursacht werden. Leider hat die Chemie immer öfter den schlechten Ruf, eine Gesundheit schädigende oder sogar das Leben bedrohende Wissenschaft zu sein.
In unserem heutigen Leben ist die Chemie allerdings gar nicht mehr wegzudenken. Ohne chemische Erkenntnisse würden wir viele Dinge nicht kennen oder verwenden können.

Im Suchgitter sind 22 Begriffe versteckt, die es ohne die Chemie nicht geben würde. Findest du sie alle? Trage alle Begriffe unten in die Tabelle ein!

GUMMI	PUTZMITTEL	JACKEN	DÜNGER
WIMPERNTUSCHE	NEONRÖHRE	KUNSTSTOFFE	KOSMETIKA
IMPFUNGEN	MALFARBEN	FARBEN	BALL
KLEIDUNG	ARZNEIMITTEL	PFANNE	SEIFE
AUTO	VERPACKUNGEN	KLEBSTOFF	WASCHMITTEL
KERAMIK	TABLETTEN		

Buntes Chemie-Abc

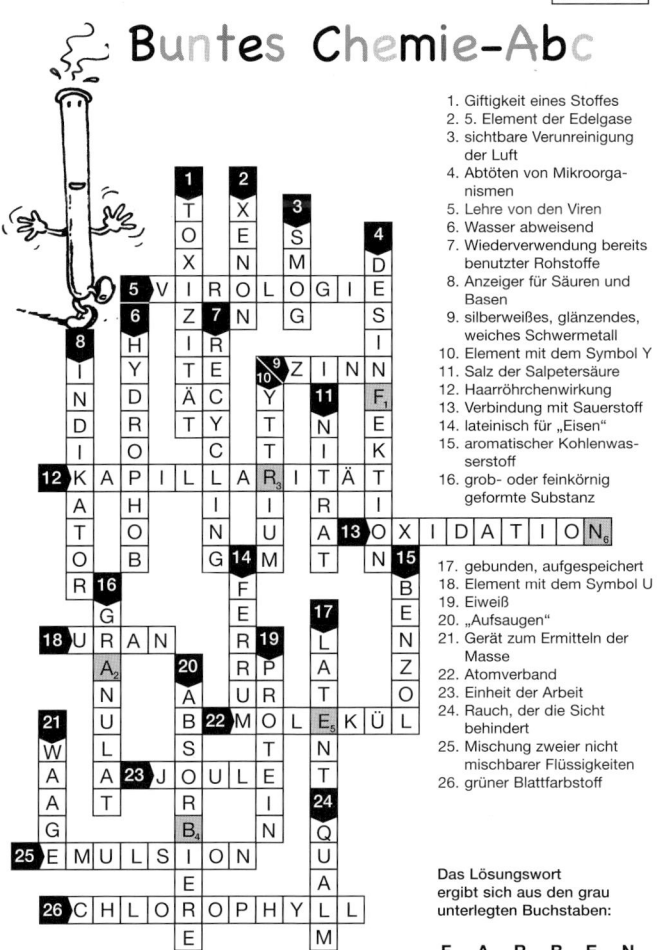

1. Giftigkeit eines Stoffes
2. 5. Element der Edelgase
3. sichtbare Verunreinigung der Luft
4. Abtöten von Mikroorganismen
5. Lehre von den Viren
6. Wasser abweisend
7. Wiederverwendung bereits benutzter Rohstoffe
8. Anzeiger für Säuren und Basen
9. silberweißes, glänzendes, weiches Schwermetall
10. Element mit dem Symbol Y
11. Salz der Salpetersäure
12. Haarröhrchenwirkung
13. Verbindung mit Sauerstoff
14. lateinisch für „Eisen"
15. aromatischer Kohlenwasserstoff
16. grob- oder feinkörnig geformte Substanz
17. gebunden, aufgespeichert
18. Element mit dem Symbol U
19. Eiweiß
20. „Aufsaugen"
21. Gerät zum Ermitteln der Masse
22. Atomverband
23. Einheit der Arbeit
24. Rauch, der die Sicht behindert
25. Mischung zweier nicht mischbarer Flüssigkeiten
26. grüner Blattfarbstoff

Das Lösungswort ergibt sich aus den grau unterlegten Buchstaben:

F	A	R	B	E	N
1	2	3	4	5	6

Chemische Rekorde

Auch in der Chemie gibt es rekordverdächtige Champions.

Wenn du die Bilderrätsel richtig löst, findest du mit den Anfangsbuchstaben heraus, welche Elemente den Eintrag in das Guinnessbuch der Rekorde verdienen könnten.

WASSERSTOFF	Es ist das leichteste Element. Die ersten Ballons und Luftschiffe wurden damit gefüllt, um ihnen Auftrieb zu geben.
PLUTONIUM	Dies ist das schwerste in der Natur vorkommende Element. Das silbrig glänzende Schwermetall ist extrem giftig und ein gefährlicher α-Strahler.
CAESIUM	Es ist das größte in der Natur vorkommende stabile Atom und hat einen Atomradius von 272 pm (Pikometer).
WASSERSTOFF	Schon wieder ein Rekord! Es ist nämlich auch das kleinste Atom mit einem Atomradius von 37 pm.
QUECKSILBER	Es gehört mit Brom gemeinsam zu den zwei einzigen Elementen, die unter Normalbedingungen flüssig sind. Es ist seltsamerweise sogar ein Metall.
HELIUM	Dieses Element ist das einzige, das bei Atmosphärendruck auch bei tiefsten Temperaturen nicht erstarrt.
WOLFRAM	Den höchsten Schmelzpunkt besitzt dieses Metall. Er liegt bei 3410 °C. Daher bestehen die Glühfäden in Glühbirnen üblicherweise daraus.
KOHLENSTOFF	Das ist das härteste Element in seiner Erscheinungsform als Diamant. Es hat Härte 10 auf der Mohs-Härteskala.

EXPERIMENTIERGERÄTE

Im Chemiesaal braucht man viele Geräte zum Experimentieren. Suche die Namen der einundzwanzig Geräte im Rätselgitter (sie können von links nach rechts, von rechts nach links, von oben nach unten oder von unten nach oben geschrieben sein) und trage sie unter den entsprechenden Abbildungen ein.

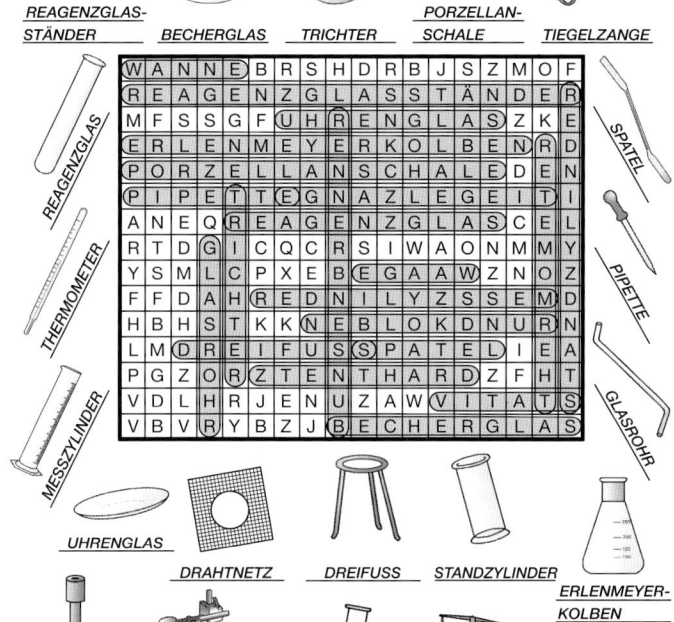

REAGENZGLAS-STÄNDER BECHERGLAS TRICHTER PORZELLAN-SCHALE TIEGELZANGE

REAGENZGLAS · THERMOMETER · MESSZYLINDER · SPATEL · PIPETTE · GLASROHR

W	A	N	N	E	B	R	S	H	D	R	B	J	S	Z	M	O	F
R	E	A	G	E	N	Z	G	L	A	S	S	T	Ä	N	D	E	R
M	F	S	S	G	F	U	H	R	E	N	G	L	A	S	Z	K	E
E	R	L	E	N	M	E	Y	E	R	K	O	L	B	E	N	R	D
P	O	R	Z	E	L	L	A	N	S	C	H	A	L	E	D	E	N
P	I	P	E	T	T	E	G	N	A	Z	L	E	G	E	I	T	I
A	N	E	Q	R	E	A	G	E	N	Z	G	L	A	S	C	E	L
R	T	D	G	I	C	Q	C	R	S	I	W	A	O	N	M	M	Y
Y	S	M	L	C	P	X	E	B	E	G	A	A	W	Z	N	O	Z
F	F	D	A	H	R	E	D	N	I	L	Y	Z	S	S	E	M	D
H	B	H	S	T	K	K	N	E	B	L	O	K	D	N	U	R	R
L	M	D	R	E	I	F	U	S	S	P	A	T	E	L	I	E	A
P	G	Z	O	R	Z	T	E	N	T	H	A	R	D	Z	F	H	T
V	D	L	H	R	J	E	N	U	Z	A	W	V	I	T	A	T	S
V	B	V	R	Y	B	Z	J	B	E	C	H	E	R	G	L	A	S

UHRENGLAS DRAHTNETZ DREIFUSS STANDZYLINDER ERLENMEYER-KOLBEN

BUNSENBRENNER STATIV RUNDKOLBEN WAAGE WANNE

Unvorstellbar klein: Atome

Kreuze die richtigen Antworten an.

Wenn du die Worte, die immer links unten bei jeder richtigen Antwort stehen, zu einem Lösungssatz aneinanderreihst, erfährst du, wie klein Atome wirklich sind:

Wären wir Menschen so groß wie Atome, hätten
100 Millionen bequem auf einem Stecknadelkopf Platz.

Frage			
Elektrisch positiv geladene Teilchen im Atomkern nennt man ...	☒ Protonen *Wären*	○ Primaten *Würden*	○ Potenzen *Wo*
Elektrisch negativ geladene Teilchen in der Atomhülle heißen ...	○ Elemente *sind*	○ Eremiten *die*	☒ Elektronen *wir*
Die ungeladenen Teilchen im Atomkern nennt man ...	○ Nektarinen *alle*	☒ Neutronen *Menschen*	○ Nomaden *nie*
Die bevorzugten Aufenthaltsbereiche der Elektronen in der Hülle sind die ...	○ Ornamente *klein*	☒ Orbitale *so groß*	○ Orka *aber*
Außenelektronen sind wichtig für chemische Bindungen und heißen auch ...	☒ Valenz-Elektronen *wie*	○ Valut-Elektronen *warum*	○ Verbal-Elektronen *wofür*
Wenn ein Atom eine vollständig besetzte Außenschale hat, heißt es ...	○ Elektronen-gas *so-*	☒ Edelgas *Atome,*	○ Extremgas *in:*
Stoffe, die aus Atomen der gleichen Art bestehen, heißen ...	☒ Elemente *hätten*	○ Elektronen *haben*	○ Externisten *ist*
Zwei oder mehr Atome bilden eine ...	○ Verwandlung *10*	☒ Verbindung *100*	○ Verlosung *null*
Die Tabelle, in der alle Elemente geordnet sind, heißt ...	○ Protonen-system *g*	○ Pyramiden-system *km*	☒ Perioden-system *Millionen*
Das kleinste und leichteste Atom ist ...	○ Sauerstoff *Teilchen*	○ Stickstoff *sicher*	☒ Wasserstoff *bequem*
Elektrisch geladene Atome nennt man ...	○ Isolatoren *mit*	☒ Ionen *auf*	○ Isobaren *unter*
Der erste, der sich über die Gestalt der Atome Gedanken machte, war vor mehr als 2000 Jahren ...	☒ Demokrit *einem*	○ Einstein *beiden*	○ Michelangelo *noch*
Als Begründer der modernen Atomtheorie gilt ...	○ John Denver *Kern*	☒ John Dalton *Stecknadelkopf*	○ John Boy Walton *Eis*
Das griechische Wort *atomos* heißt auf deutsch ...	○ unnahbar *aus.*	☒ unteilbar *Platz.*	○ unverwundbar *oder?*

So ein Durcheinander bei den Elementen!

Im Suchgitter sind 20 Elemente versteckt. Findest du sie alle?

Mithilfe des Periodensystems kannst du die chemischen Elementsymbole herausfinden. Trage alle Elementnamen und ihre Symbole unten in die Tabelle ein!

A	N	T	O	N	C	R	E	W	S	I	L	B	E	R	P
N	I	N	A	B	H	I	S	A	B	I	N	E	R	S	H
G	C	K	O	H	L	E	N	S	T	O	F	F	I	T	O
E	K	A	R	G	O	L	D	S	U	A	K	P	K	I	S
L	E	N	A	A	R	E	M	E	B	L	E	I	M	C	P
I	L	H	T	B	N	A	T	R	I	U	M	N	A	K	H
K	L	E	E	I	N	G	E	S	D	M	C	E	G	S	O
E	F	L	U	O	R	V	K	T	A	I	C	S	N	T	R
I	R	I	S	T	E	F	A	O	K	N	O	N	E	O	N
S	A	U	E	R	S	T	O	F	F	I	B	O	S	F	U
E	I	M	I	C	H	I	H	F	R	U	A	R	I	F	O
N	S	C	H	W	E	F	E	L	E	M	L	B	U	Z	L
Q	U	E	C	K	S	I	L	B	E	R	T	I	M	A	X

Silber	– Ag	Kohlenstoff	– C	Gold	– Au
Blei	– Pb	Natrium	– Na	Fluor	– F
Neon	– Ne	Sauerstoff	– O	Schwefel	– S
Quecksilber	– Hg	Eisen	– Fe	Nickel	– Ni
Helium	– He	Chlor	– Cl	Wasserstoff	– H
Aluminium	– Al	Cobalt	– Co	Magnesium	– Mg
Stickstoff	– N	Phosphor	– P		

Periodensystem

Nimm dein Periodensystem zu Hilfe!

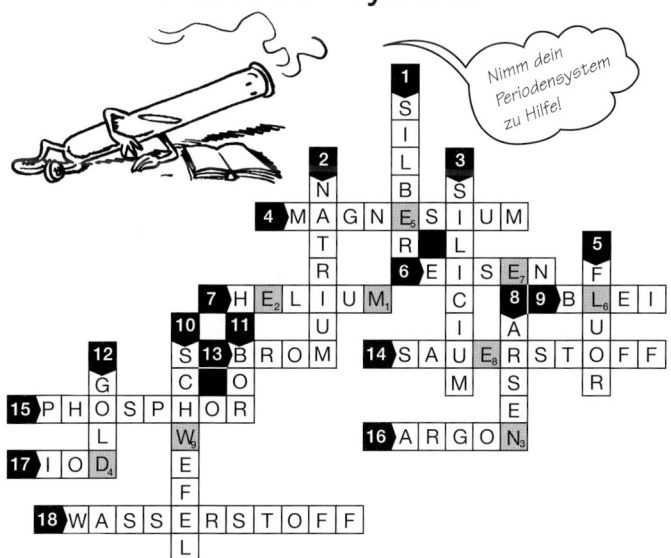

1. Element mit der Ordnungszahl 47
2. Element mit 11 Elektronen
3. Halbmetall der 3. Periode
4. Element der 3. Periode mit 2 Außenelektronen
5. leichtestes Halogen
6. Element mit der Protonenzahl 26
7. leichtestes Edelgas
8. Element der 4. Periode mit 5 Valenzelektronen
9. Element, das sein Symbol Pb vom lateinischen Wort *Plumbum* hat
10. Element mit der Ordnungszahl 16
11. Element der 2. Periode und 3. Hauptgruppe
12. Element mit 79 Protonen
13. flüssiges Element der 4. Periode
14. Element mit der Atommasse 16
15. Element mit der ungefähren Atommasse 31
16. Edelgas der 3. Periode
17. Element mit 53 Elektronen
18. erstes Element im Periodensystem

Viele Chemiker beschäftigten sich damit, die Elemente sinnvoll zu ordnen. Die erfolgreichsten, welche die Grundlage für das heutige Periodensystem schufen, waren der deutsche Chemiker Lothar Meyer (1830 – 1895) und der russische Chemiker Dimitri ...

M E N D E L E J E W   (1834 – 1907)
1 2 3 4 5 6 7 8 9

Chemische Bindungen

Atome verbinden sich, um einen stabileren Zustand zu erreichen. Nur Edelgase gehen keine Bindungen ein.
Finde heraus, wie diese Bindungen genannt werden. Die Anfangsbuchstaben der kleinen Bilder ergeben die Lösungswörter!

① M E T A L L B I N D U N G

Die Bindung von **Metallen** entsteht durch die Anziehung der positiven Metallionen und dem Elektronengas.

+ - + - + - + - + ⟶ Elektronengas
- + - + - + - ⟶ Atomrümpfe
+ - + - + - +

z. B. Gold

② I O N E N B I N D U N G

Bei **Kochsalz** beispielsweise werden durch Übergang eines Elektrons (e⁻) die beiden Elemente der Verbindung zu Ionen. So entsteht ein Ionengitter, der sogenannte Salzkristall.

⊖⊕⊖⊕⊖
⊕⊖⊕⊖⊕
⊖⊕⊖⊕⊖
⊕⊖⊕⊖⊖   Salz

③ A T O M B I N D U N G

Moleküle **nichtmetallischer Elemente** sind durch gemeinsame Elektronenpaare verbunden. So setzt sich zum Beispiel Wasser aus einem Sauerstoffatom und zwei Wasserstoffatomen zusammen.

Wasser

Trennung von Gemengen

> Ein Gemenge ist eine Mischung von mehreren Reinstoffen.
> Dabei behalten die Bestandteile ihre Eigenschaften.
> Es gibt zahlreiche Verfahren, um Gemenge zu trennen und Reinstoffe zu erhalten.
> Welches davon angewendet wird, hängt von den Eigenschaften der Gemengteile ab.

Ordne die Buchstaben und du erhältst die Namen der Trennverfahren.
Als kleine Hilfe sind unten alle sieben Verfahren beschrieben.

1. FRRNLIETEI — F I L T R I E R E N (10, 5)
2. APROSDOTNI — A D S O R P T I O N (8)
3. ILEDTNSERELI — D E S T I L L I E R E N (6, 11)
4. DNNFMIEEAP — E I N D A M P F E N (3)
5. RZEIERTNGEFINU — Z E N T R I F U G I E R E N (12, 4)
6. AHGTCEMRIRFOAO — C H R O M A T O G R A F I E (2, 7)
7. ERERLNTEOTKIFL — E L E K T R O F I L T E R N (1, 9)

Lösungswort:

K A F F E E F I L T E R
1 2 3 4 5 6 7 8 9 10 11 12

Das kennst du von zu Hause!

1. Hier wird ein unlöslicher Stoff von einer Flüssigkeit getrennt.
2. Hier ziehen poröse Stoffe (wie Aktivkohle) kleinste Teilchen an sich. Es wird bei Geruchsfiltern über Kochherden angewendet oder auch bei Atemschutzmasken.
3. So werden Flüssigkeitsgemische mit verschiedenen Siedepunkten getrennt.
4. So kann man zum Beispiel aus Meerwasser Salz gewinnen. Das Wasser entweicht, das Salz bleibt zurück.
5. Eine Wäscheschleuder funktioniert so. Hier wird die unterschiedliche Trägheit verschiedener Stoffe genutzt.
6. So nennt man die Trennung gelöster Stoffe durch Aufsaugen einer Lösung. Das Wort kommt aus dem Griechischen und heißt so viel wie „Farbaufzeichnung".
7. In Kohlekraftwerken zum Beispiel werden so die Verbrennungsgase vom Staub gereinigt.

!!!!!!!Gefährliche Stoffe!!!!!!!

Färbe ein!

Auf Behältern, in denen Chemikalien aufbewahrt werden, findest du schwarz-gelbe Warnzeichen. Für den sicheren Umgang mit diesen Chemikalien ist es wichtig, die Gefahrensymbole zu erkennen.

F bzw. F+	**F:** L E I C H T E N T Z Ü N D L I C H −7 +4 +6 +5 +12 −15 +9 +6 +4 ⟶ −12 −10 +8 −3 −6 +5	Durch Selbst- oder Fremdzündung kann es zu einem Brand kommen.
O	B R A N D F Ö R D E R N D +16 −17 +13 −10 +2 ⟶ −12 −14 +1 +13 −4 −10	Die Stoffe brennen zwar nicht selbst, können aber Stoffe entzünden und Brände fördern.
Xi bzw. Xn	**Xi:** R E I Z E N D −13 +4 +17 −21 +9 −10	Haut, Augen oder Atmungsorgane werden durch diese Stoffe gereizt.
T bzw. T+	**T+:** S E H R G I F T I G −14 +3 +10 −11 +2 −3 +14 −11 −2	Die Aufnahme dieses Stoffes in den Körper führt zu erheblichen Gesundheitsschäden.
C	Ä T Z E N D +6 −21 +9 −10	Im Kontakt mit diesen Stoffen werden die Haut und Geräte zerstört.
E	E X P L O S I O N S G E F Ä H R L I C H +19 −8 −4 +3 +4 −10 +6 −1 +5 −12 −2 +1 ⟶ +2 +10 −6 −3 −6 +5	Unter bestimmten Umständen könnte dieser Stoff explodieren.
N	U M W E L T G E F Ä H R L I C H −8 +10 −18 +7 +8 −13 −2 +1 ⟶ +2 +10 −6 −3 −6 +5	Diese Stoffe haben eine schädigende Wirkung auf Menschen, Tiere, Pflanzen, Luft und Boden.
(Radioaktiv-Symbol)	R A D I O A K T I V −17 +3 +5 +6 −14 +10 +9 −11 +13	Dieser Stoff kann Strahlenschäden verursachen. Krebsgefahr!

A B C D E F G H I J K L M N O P Q R S T U V W X Y Z

Die Zahlen geben an, wie viele Buchstaben du im Alphabet vor- (+) oder zurück- (−) hüpfen musst!

Metalle

Kreuze die richtigen Antworten an.
Das Periodensystem hilft dir bei der Beantwortung der Fragen.

Wenn du die Buchstaben, die immer rechts unten bei jeder richtigen Antwort stehen, zu einem Lösungswort aneinanderreihst, erhältst du ein eisenhaltiges Abführmittel:

H A N D S C H E L L E N

Welches Metall trägt das Elementsymbol Au für das lat. Wort *Aurum*?	Aluminium — T	⊠ Gold — H	Silber — M
Wie heißt das einzige Metall, das bei Zimmertemperatur flüssig ist?	Zinn — U	Blei — O	⊠ Quecksilber — A
Welches sehr harte Metall hat die Ordnungszahl 78 im Periodensystem?	Eisen — S	Iridium — R	⊠ Platin — N
Dieses Metall ist das „W" (die Wendel) in der Glühbirne.	⊠ Wolfram — D	Wolfgang — G	Wolfspelz — I
Welches Metall liegt zwischen Eisen und Nickel und ist auch ein ferromagnetischer Stoff?	Mangan — K	⊠ Cobalt — S	Natrium — L
Dieses Element ist ein rotbraunes Metall.	⊠ Kupfer — C	Rhodium — E	Vanadium — N
Wie nennt man eine Mischung verschiedener Metalle?	Legion — W	Lackierung — L	⊠ Legierung — H
Ein Metall der 3. Hauptgruppe, das zur Herstellung von Getränkedosen verwendet wird.	Zink — L	Lithium — F	⊠ Aluminium — E
Wie nennt man Elemente, die weder Metalle noch Nichtmetalle sind?	Teilmetalle — A	⊠ Halbmetalle — L	Viertelmetalle — D
Welches Metall hat die relative Atommasse 24,3?	⊠ Magnesium — L	Mangan — T	Molybdän — A
Dieses Element ist der beste elektrische Leiter.	Calcium — U	Eisen — A	⊠ Silber — E
Welches Element steht an 22. Stelle im Periodensystem?	⊠ Titan — N	Tantal — B	Thallium — R

Eisen und Stahl

Schneide die Puzzleteile aus und lege sie so aneinander, dass Sätze mit richtigen Aussagen entstehen.

Wenn du das Puzzle richtig zusammensetzt, erhältst du ein „Kraftpaket aus Stahl". Klebe das Puzzle in dein Heft. Schreibe die 13 richtigen Sätze darunter. Versuche dabei, sie sinngemäß zu ordnen.

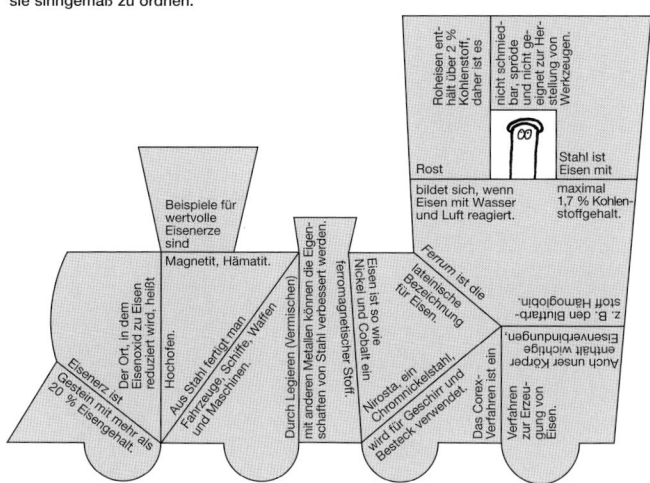

1. Eisenerz ist Gestein mit mehr als 20 % Eisengehalt.
2. Beispiele für wertvolle Eisenerze sind Magnetit und Hämatit.
3. Der Ort, in dem Eisenoxid zu Eisen reduziert wird, heißt Hochofen.
4. Das Corex-Verfahren ist ein Verfahren zur Erzeugung von Eisen.
5. Eisen ist so wie Nickel und Cobalt ein ferromagnetischer Stoff.
6. *Ferrum* ist die lateinische Bezeichnung für Eisen.
7. Rost bildet sich, wenn Eisen mit Luft und Wasser reagiert.
8. Auch unser Körper enthält wichtige Eisenverbindungen, z. B. den Blutfarbstoff Hämoglobin.
9. Roheisen enthält über 2 % Kohlenstoff, daher ist es nicht schmiedbar, spröde und nicht geeignet zur Herstellung von Werkzeugen.
10. Stahl ist Eisen mit maximal 1,7 % Kohlenstoffgehalt.
11. Aus Stahl fertigt man Fahrzeuge, Schiffe, Waffen und Maschinen.
12. Durch Legieren (Vermischen) mit anderen Metallen können die Eigenschaften von Stahl verbessert werden.
13. Nirosta, ein Chromnickelstahl, wird für Geschirr und Besteck verwendet.

Rund um den Kohlenstoff

1. KOHLE
2. BLEISTIFT
3. OFEN
4. SECHSTE
5. KOHLENDIOXID
6. BERGWERK
7. GRAPHIT
8. KOKS
9. ORGANISCHEN
10. DIAMANT
11. DESTILLATION
12. KOHLENMONOXID

1. harter, schwarzer Feststoff, der in Millionen von Jahren aus abgestorbenen Tieren und Pflanzen entstanden ist
2. Schreibgerät aus Holz mit Kohlenstoffmine
3. Heizgerät
4. Kohlenstoff ist das ... Element im Periodensystem.
5. farbloses, geruchloses Gas, das Getränke sprudeln lässt
6. Ort, wo die Kohle abgebaut wird
7. graue Form des Kohlenstoffs, leitet als einziges Nichtmetall den elektrischen Strom
8. „verkohlte" Steinkohle, die in Hochöfen verwendet wird
9. Kohlenstoff kommt in jeder ... Substanz vor.
10. kristalline, durchsichtige Form des Kohlenstoffs
11. Die Verarbeitung von Kohle zu Koks, Kohlegas, Teer etc. nennt man „trockene ...".
12. sehr giftiges, geruchloses Gas, das bei der unvollständigen Verbrennung von kohlenstoffhaltigen Materialien entsteht

Der Müllberg wächst!

In unserem Müllsack hat sich eine ganze Menge Müll angesammelt. „Fülle" den passenden Müll in den richtigen Sammelbehälter. Z. B. gehören Batterien zum Sondermüll, also kommt das I in den Sondermüllbehälter in den Kreis mit der 1 usw.

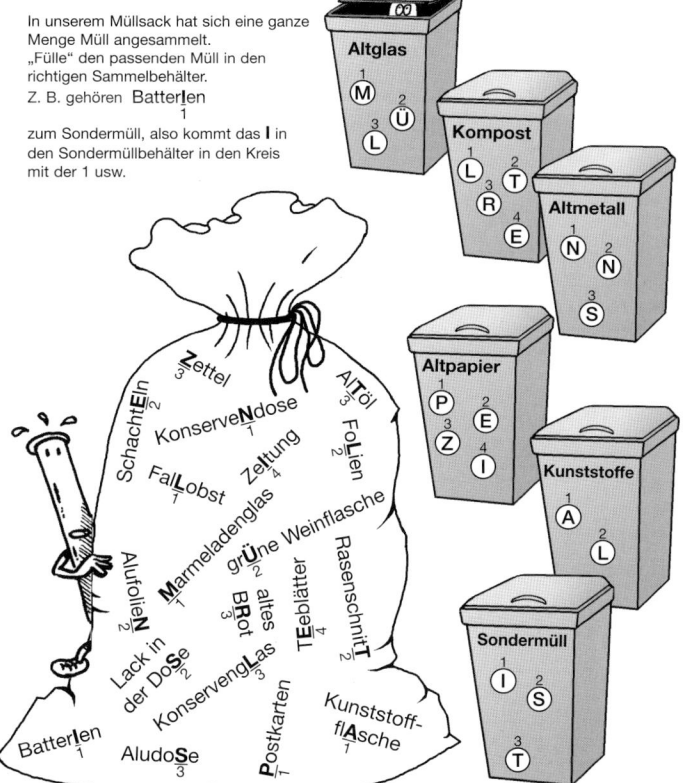

Wenn du alles richtig entsorgt hast, verraten dir die Buchstaben von oben nach unten gelesen:
Du bist ein
MÜLLTRENNSPEZIALIST

Papier-Rätsel

Ä = AE
Ö = OE
Ü = UE

1. PAPYRUS
2. PERGAMENT
3. PLAKAT
4. ZEITUNG
5. ZELLULOSE
6. SAUERSTOFF
7. SCHOEPFEN
8. ALTPAPIER
9. KONSERVIERT
10. WERTPAPIER
11. ORIGAMI
12. SIEBDRUCK
13. KARTON

1. aus Schilfgras gewonnenes Schreibmaterial der alten Ägypter
2. aus Tierhäuten gewonnenes „Papier"
3. großflächiger Werbeträger
4. täglich neu erscheinendes Informationsmedium aus Papier
5. Grundbaustein des Papiers
6. Umweltfreundliche Verfahren benutzen zum Bleichen von Papier diesen Stoff.
7. handwerkliche Art der Papiererzeugung
8. ... wird gesammelt, um daraus neues Papier herzustellen.
9. Um wertvolle alte Schriftstücke und Bücher zu erhalten, werden diese ...
10. anderes Wort für Aktie
11. asiatische Papierfalttechnik
12. maschinelles Verfahren, um Buchstaben auf Papier zu bringen
13. sehr dickes Papier, dient zur Verpackung

Rund ums Wasser

Senkrecht / Waagerecht (Fragen):

1. den Durst löschen
2. In ihr fließt Abwasser ab.
3. Überlandleitung von Wasser
4. Mann, der eine Temperaturskala nach Gefrier- und Schmelzpunkt von Wasser benannte
5. heißer Wasserausstoß aus der Erde (auf Island zum Beispiel)
6. verantwortlich für den Härtegrad des Wassers
7. Blumen mit Wasser tränken
8. mit Süßwasser gemischtes Meerwasser
9. Fangsport am Wasser
10. natürlicher Wasseraustritt aus Boden oder Stein
11. breiter Wasserlauf
12. Anlage zur Reinigung des Abwassers
13. Abgrenzung des Meeres zum Festland
14. gefrorenes Wasser
15. Er fördert Grundwasser zutage.
16. morgendliche Feuchte
17. dauernd feuchtes, schlammiges Gelände
18. Raum, in dem Wasser zur Körperreinigung genutzt wird
19. Niederschlag
20. Wassergefäß, in dem man Fische halten kann
21. wenn Wasser gasförmig wird
22. mit Wasser gefüllter Geruchsverschluss im WC

Das Lösungswort ergibt sich aus den grau unterlegten Buchstaben:

K R E U Z F A H R T
1 2 3 4 5 6 7 8 9 10

Elektrolyse des Wassers

Früher glaubte man, dass Wasser ein Grundstoff, ein Element, sei. Erst in den letzten Jahrhunderten stellte man fest, dass sich Wasser in einfachere Bestandteile zerlegen lässt.

1. Wasser wird zerlegt im ...'schen Zersetzungsapparat.
2. Produkt bei der Zerlegung (Gas, leichter als Luft).
3. Gas, das ebenfalls bei der Elektrolyse von Wasser entsteht
4. Dieses Gas ist ... als Luft.
5. negative Elektrode
6. Welcher Strom wird für den Versuch benötigt?
7. Mischt man O_2 und H_2 wieder, entsteht ...
8. Die Energie der Reaktion der beiden Gase wird auch zum ... von Metall verwendet.
9. Auch ... werden so angetrieben.
10. Bei der Trennung entsteht ... so viel H_2 wie O_2.
11. Welche Ladung hat die Anode?
12. Wie nennt der Chemiker eine Zerlegung?

Die Zerlegung von Wasser erfordert sehr viel Energie. Reaktionen, die Energie verbrauchen, nennt man

E N D O T H E R M E Reaktionen.
1 2 3 4 5 6 7 8 9 10

Zersetzung von Wasser

Ergänze den Lückentext und beschrifte die Abbildung.

Wasser kann mit Hilfe des E L E K T R I S C H E N
                                        8
S T R O M E S in zwei Gase gespalten werden.
          6
Das nennt man eine E L E K T R O L Y S E
                            10   5

H O F M A N N S C H E R
                          12
Z E R S E T Z U N G S A P P A R A T
                                3

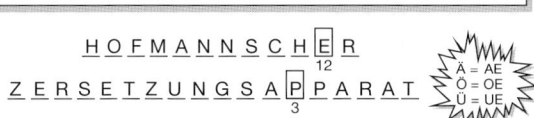

Ä = AE
Ö = OE
Ü = UE

W A S S E R
          9
(+ Schwefelsäure)

S A U E R -
      11
S T O F F

W A S S E R -
S T O F F
      4

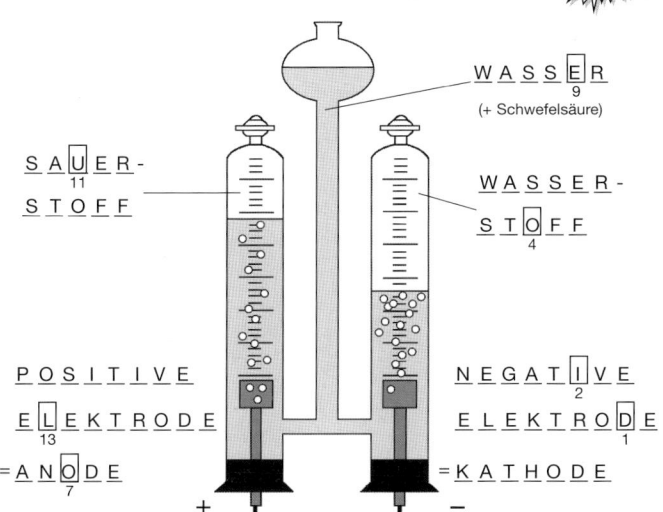

P O S I T I V E
E L E K T R O D E
        13
= A N O D E
      7

N E G A T I V E
                2
E L E K T R O D E
                1
= K A T H O D E

+   −

Die umrahmten Buchstaben ergeben das fehlende Wort im Lösungssatz:
DAS WASSERMOLEKÜL IST EIN ...

D I P O L M O L E K U E L
1 2 3 4 5 6 7 8 9 10 11 12 13

Sauerstoff und Wasserstoff

Wasser besteht aus den Elementen Sauerstoff und Wasserstoff. Diese beiden Gase haben ganz andere Eigenschaften als Wasser, in dem Sauerstoff und Wasserstoff chemisch gebunden sind.

Kreuze jeweils an, auf welches der beiden Elemente diese Eigenschaften zutreffen.

	Sauerstoff	Wasserstoff
... ist das leichteste Element (14 x leichter als Luft).	○ W	⊠ K
... ist leicht brennbar. Aus diesem Grund werden Ballons nicht mehr damit gefüllt.	○ AS	⊠ NA
... wird in einer blauen Stahlflasche aufbewahrt.	⊠ L	○ S
... fördert Verbrennungen.	⊠ LG	○ ER
... hat das chemische Symbol H.	○ UM	⊠ AS
... hat eine größere Dichte als Luft und sinkt daher zu Boden.	⊠ R	○ T
... wird in einer roten Stahlflasche aufbewahrt.	○ UR	⊠ AK
... ist sehr reaktionsfähig, verbindet sich zu Oxiden.	⊠ ETE	○ BEI
... ist das im Weltall am häufigsten vorkommende Element. (Die Sonne besteht vor allem daraus!)	○ HI	⊠ NT
... hat die Ordnungszahl 1 im Periodensystem.	○ PU	⊠ REI
... hat das chemische Symbol O.	⊠ B	○ FE
... ist in kleinen Mengen wasserlöslich. (Die Fische filtern es aus dem Wasser.)	⊠ ST	○ K
... ist ein Element der 6. Hauptgruppe des Periodensystems.	⊠ O	○ IE
... ist kaum wasserlöslich, aber löslich in Metallen.	○ HR	⊠ FF

Aus den Buchstaben bei jeder richtigen Antwort erhältst du von oben nach unten gelesen die beiden explosiven Lösungswörter:

Ein Gemisch aus Sauerstoff und Wasserstoff heißt ___KNALLGAS___ .

Das ist ein sehr energiereicher Stoff und wird daher als ___RAKETENTREIBSTOFF___ verwendet.

Verbindungen mit Sauerstoff

Einen chemischen Vorgang, bei dem sich ein Stoff mit Sauerstoff verbindet, nennt man:

T	I	X	O	D	O	N	I	A

O	X	I	D	A	T	I	O	N

Bei der Oxidation unterscheidet man 3 Arten. Wenn du die Bilderrätsel richtig löst, findest du aus ihren Anfangsbuchstaben die richtigen Bezeichnungen.

1. Eine Oxidation, die unter Abgabe von Licht und Hitze abläuft, nennt man:

V E R B R E N N U N G

2. Eine sehr schnell und heftig ablaufende Oxidation, bei der sich Gase rasch ausdehnen, nennt man:

E X P L O S I O N

3. Eine ganz langsam stattfindende Oxidation von Eisen nennt man:

R O S T E N

Schadstoffe in unserer Luft

Bild	Text
K O H L E N - D I O X I D 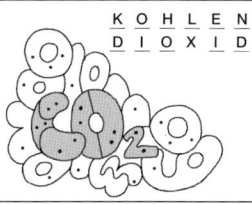	Es ist ein farbloses Gas, das schwerer als Luft ist. Von Menschen und Tieren wird es ausgeatmet. Es kann in Weinkellern vermehrt entstehen und wirkt dann erstickend. Eine Kerze, die nahe des Bodens gehalten wird, erlischt und warnt damit vor diesem Gas. In Feuerlöschern wird dieses Gas zum Löschen von Bränden eingesetzt. Der Gehalt dieses Gases in der Luft nimmt ständig zu und führt zum sogenannten „Treibhauseffekt". Dieses Gas lässt sich mit Kalkwasser nachweisen.
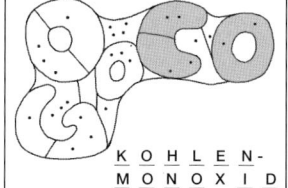 K O H L E N - M O N O X I D	Dieses farb- und geruchlose Gas ist leichter als Luft und entsteht, wenn kohlenstoffhaltige Brennstoffe unter Sauerstoffmangel verbrennen. Es tritt z. B. in Abgasen von Kraftfahrzeugen (mit Verbrennungsmotoren) und im Tabakrauch auf. Es ist schon in geringen Mengen giftig. Im Haushalt kann es durch dieses Gas bei schlecht belüfteten Öfen zu einer „Rauchgasvergiftung" kommen. Auch in Garagen oder Tunneln kann es zu lebensgefährlichen Konzentrationen kommen, daher muss dort gut belüftet werden.
S C H W E F E L - D I O X I D 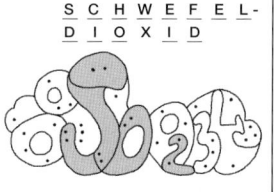	Es ist ein farbloses, stechend riechendes Gas, das vor allem von Wärmekraftanlagen und Industriebetrieben abgegeben wird. Es reizt Schleimhäute und ist giftig. Bei Vulkanausbrüchen wird die Luft auf natürlichem Wege mit diesem Gas verschmutzt. Es ist einer der Hauptverursacher des „Sauren Regens". Dieses Gas trägt zur Schädigung von Bäumen und zur Versauerung der Gewässer bei. Waldsterben und Fischsterben können die Folge sein.
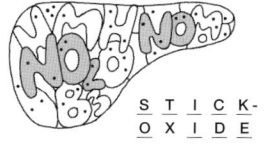 S T I C K - O X I D E	Diese Gase entstehen bei der Verbrennung von Stickstoff. Sie sind wesentliche Bestandteile von Autoabgasen und Heizanlagen, die mit Kohle, Öl oder Gas betrieben werden. NO_x blockiert die Atmung und könnte die Ozonschicht der Erde zerstören. NO_x schädigt Pflanzen und ist Mitverursacher des Waldsterbens. Diese Gase tragen auch zur Smogbildung bei.

Male in den Zeichnungen nur die Felder an, die zwei Punkte haben!
Die unterstrichenen Buchstaben im Text verraten dir die Namen der „Luftverschmutzer".
Genau schauen!!!
(Weil das X kaum vorkommt, steht es schon da!)

Stickstoff

> Stickstoff ist ein Gas, das dauernd um uns herum ist, weil es der Hauptbestandteil unserer Luft ist. Was weißt du eigentlich darüber?

Kreuze jeweils WAHR oder FALSCH an.

Die Silben/Wörter bei jeder richtigen Antwort ergeben von unten nach oben gelesen einen Ausspruch von Sir Isaac Newton, der nicht nur der Entdecker der Schwerkraft war, sondern auch ein großer Alchemie-Fan.

	WAHR	FALSCH
Stickstoff ist ein farbloses Gas, das aber ziemlich stinkt.	○ ein!	☒ aus!
Stickstoff kommt in der Luft zu ca. 78 % vor.	☒ vor	○ nach
Das Elementsymbol für Stickstoff ist St.	○ lich	☒ ung
Bei –196 °C wird Stickstoff flüssig.	☒ mut	○ gleis
Lebensmittel werden durch Besprühen mit flüssigem Stickstoff schnell eingefroren und so länger haltbar gemacht.	☒ Ver	○ Ent
Verbindungen von Stickstoff sind grundlegende Bestandteile von Eiweiß.	☒ kühne	○ kalte
Weil das Weltall stark stickstoffhaltig ist, kann man dort nicht atmen.	○ zwei	☒ eine
Nitrate enthalten Stickstoff.	☒ ging	○ macht
Stickstoff ist ein Edelgas.	○ nis	☒ ung
Moderne Autos werden mit Stickstoff angetrieben.	○ säum	☒ deck
Stickstoffdünger sind unentbehrlich in der modernen Landwirtschaft.	☒ Ent	○ Ver
Stickstoff wird auch als Treibgas in Sahnesprühdosen verwendet.	☒ großen	○ kleinen
Der Stickstoff ist Schuld an der „Taucherkrankheit", z. B. bei zu schnellem Auftauchen von Tiefseetauchern.	☒ Jeder	○ Keiner

Ausspruch:

„Jeder großen Entdeckung ging eine kühne Vermutung voraus!"

Sir Isaac Newton (1642 – 1727)

Säuren und Basen

Kreuzworträtsel:

5. N A T R O N L A U G E
8. P H - W E R T
10. B A S E N
14. N E U T R A L I S A T I O N
15. G R Ü N
16. W A S S E R

1. Bei der Reaktion von HCl und NaOH entsteht Wasser und ein ...
2. „Anzeiger" für Säuren oder Basen nennt man ...
3. Säuren färben sich mit Universalindikator ...
4. Ein Stoff, der weder sauer noch basisch ist, ist ...
5. NaOH bedeutet ...
6. Zitronensaft und Essig sind ...
7. Ein Maß für Säuren ist die Konzentration der ...
8. Ein Maß für die Stärke einer Säure oder Base ist der ...
9. HCl bedeutet ...
10. Seifenwasser und Abflussreiniger sind ...
11. Säuren und Laugen können sehr gefährlich sein: giftig und ...d.
12. Basen färben sich mit Universalindikator ...
13. Wasser hat einen pH-Wert ...
14. Eine Reaktion einer Säure und einer Base zu Wasser und einem Salz heißt ...
15. Der Universalindikator hat im neutralen Bereich die Farbe ...
16. Eine neutrale Flüssigkeit ist zum Beispiel ...

Lösungswort:

Z	I	T	R	O	N	E	N	L	I	M	O
1	2	3	4	5	6	7	8	9	10	11	

Chemische Formeln

Verbinde die Säure oder Base mit der dazugehörenden chemischen Formel mit einem geraden Strich von Kreis zu Kreis.

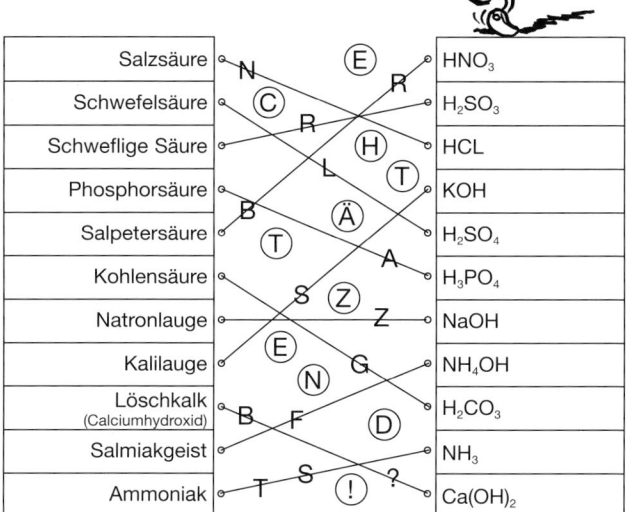

Alle Buchstaben und Satzzeichen, die NICHT auf Verbindungslinien liegen, ergeben – von oben nach unten gelesen – den Ausspruch:

➡ *ECHT ÄTZEND!*

Salzsäure		HNO_3
Schwefelsäure		H_2SO_3
Schweflige Säure		HCL
Phosphorsäure		KOH
Salpetersäure		H_2SO_4
Kohlensäure		H_3PO_4
Natronlauge		$NaOH$
Kalilauge		NH_4OH
Löschkalk (Calciumhydroxid)		H_2CO_3
Salmiakgeist		NH_3
Ammoniak		$Ca(OH)_2$

(Buchstaben im Gitter: N E R C R H T L B Ä A T S Z Z E G E N B F D T S ! ?)

Rund um die Batterie

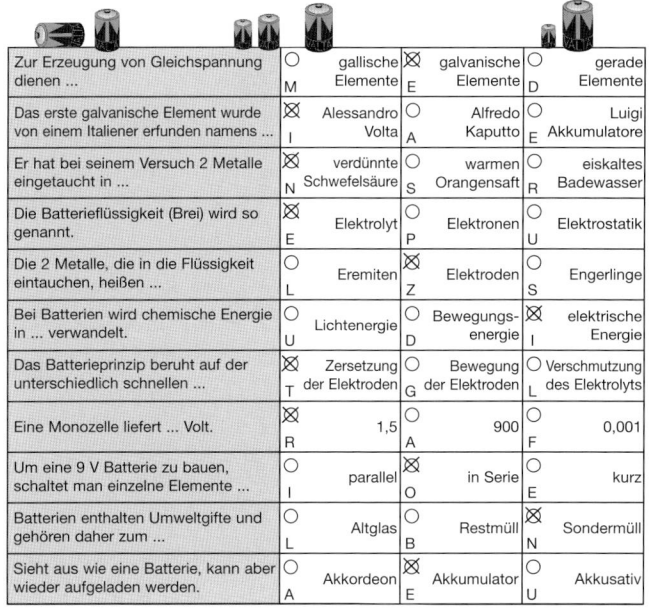

Zur Erzeugung von Gleichspannung dienen ...	○ M	gallische Elemente	☒ E	galvanische Elemente	○ D	gerade Elemente
Das erste galvanische Element wurde von einem Italiener erfunden namens ...	☒ I	Alessandro Volta	○ A	Alfredo Kaputto	○ E	Luigi Akkumulatore
Er hat bei seinem Versuch 2 Metalle eingetaucht in ...	☒ N	verdünnte Schwefelsäure	○ S	warmen Orangensaft	○ R	eiskaltes Badewasser
Die Batterieflüssigkeit (Brei) wird so genannt.	☒ E	Elektrolyt	○ P	Elektronen	○ U	Elektrostatik
Die 2 Metalle, die in die Flüssigkeit eintauchen, heißen ...	○ L	Eremiten	☒ Z	Elektroden	○ S	Engerlinge
Bei Batterien wird chemische Energie in ... verwandelt.	○ U	Lichtenergie	○ D	Bewegungsenergie	☒ I	elektrische Energie
Das Batterieprinzip beruht auf der unterschiedlich schnellen ...	☒ T	Zersetzung der Elektroden	○ G	Bewegung der Elektroden	○ L	Verschmutzung des Elektrolyts
Eine Monozelle liefert ... Volt.	☒ R	1,5	○ A	900	○ F	0,001
Um eine 9 V Batterie zu bauen, schaltet man einzelne Elemente ...	○ I	parallel	☒ O	in Serie	○ U	kurz
Batterien enthalten Umweltgifte und gehören daher zum ...	○ L	Altglas	○ B	Restmüll	☒ N	Sondermüll
Sieht aus wie eine Batterie, kann aber wieder aufgeladen werden.	○ A	Akkordeon	☒ E	Akkumulator	○ U	Akkusativ

Kreuze die richtigen Antworten an.

Wenn du die Buchstaben, die immer links unten bei jeder richtigen Antwort stehen, aneinanderreihst, erhältst du als Lösung etwas, das man nicht mit Worten ausdrücken kann:

E I N E   Z I T R O N E

NAHRUNGSMITTEL

Der Mensch benötigt täglich Eiweiße (Proteine), Kohlenhydrate, Fette sowie Vitamine und Mineralstoffe. Diese Grundnährstoffe und Spurenelemente müssen daher mit der Nahrung aufgenommen werden.

Im Suchgitter sind 20 Nahrungsmittel versteckt. Findest du sie alle?
Trage alle Nahrungsmittel unten in die Tabelle ein!

W	I	N	T	E	R	S	P	O	R	T	S	C	H	I	L	T	M
E	S	C	H	R	Ä	P	F	E	L	H	G	R	E	I	S	O	U
I	S	C	H	W	E	I	N	E	F	L	E	I	S	C	H	M	S
Z	A	U	B	E	R	L	I	S	I	D	E	N	T	N	I	A	T
E	L	I	S	E	W	Z	W	I	S	T	O	D	R	U	M	T	I
N	A	K	O	R	S	E	C	T	C	I	O	F	L	D	Ö	E	K
M	T	H	O	B	I	A	S	C	H	U	L	L	T	E	M	N	A
E	X	T	R	S	O	L	M	E	N	S	C	E	J	L	Ü	K	R
H	Ü	H	N	E	R	E	I	E	R	B	Z	I	R	N	G	H	T
L	E	N	A	N	U	L	L	V	C	U	T	S	O	Z	F	W	O
D	A	M	E	D	T	S	C	H	I	T	R	C	S	U	P	U	F
W	Q	V	Y	J	O	G	H	U	R	T	D	H	A	U	I	R	F
B	A	N	A	N	E	N	H	U	T	E	D	G	M	K	Ä	S	E
X	V	O	L	L	K	O	R	N	B	R	O	T	R	E	T	T	L

ÄPFEL	REIS	SCHWEINEFLEISCH
HÜHNEREIER	JOGHURT	BANANEN
KÄSE	VOLLKORNBROT	WEIZENMEHL
SALAT	ERBSEN	PILZE
MILCH	FISCH	BUTTER
RINDFLEISCH	NUDELN	TOMATEN
WURST	KARTOFFEL	

Überlegt gemeinsam, welche dieser Nahrungsmittel hauptsächlich Kohlenhydrate, Fette oder Proteine beinhalten.
Tipp: Lexikon oder Kalorientabelle für die Nährstoffangaben zu Hilfe nehmen!

Kohlenhydrate

Kreuzworträtsel:
- 8 waagerecht: T R A U B E N Z U C K E R
- 5 senkrecht: Ü B E
- 6 waagerecht: H O N I G
- 2 senkrecht: W A C H S
- 9 senkrecht: (I) F F
- 7 senkrecht: E T T E N
- 11 senkrecht: S T Ä R K E
- 10 waagerecht: S E C H S
- 4 waagerecht: Z E L L U L O S E
- 3 waagerecht: F R U C H T Z U C K E R
- 1 waagerecht: K O H L E N S T O F F
- 12 senkrecht: M E L A S S E

Was bedeutet diese „Lösung"?

F E H L I N G (mit Nummern 1 2 3 4 5 6)

Die Fehling'sche Lösung, benannt nach dem Chemiker Hermann von Fehling (1812–1885), dient zum Nachweis von Trauben-, Frucht- und Milchzucker.

1. Element, das in Kohlenhydraten vorhanden ist und beim Erhitzen sichtbar wird
2. Kohlenhydrate bestehen aber auch aus Sauerstoff und ...stoff.
3. Monosaccharid, das vor allem in Früchten vorkommt
4. für den Menschen unverdaulicher Vielfachzucker
5. Aus diesem Wurzelgemüse wird unser Haushaltszucker gewonnen.
6. süße Mischung aus Traubenzucker und Fruchtzucker, die von Bienen gesammelt wird
7. Zellulose hat die Form von ...
8. Energiespender für Sportler, wird auch Glucose genannt
9. anderes Wort für Monosaccharid
10. Die Bauformel des Traubenzuckers sieht aus wie ein ...-Eck.
11. Vielfachzucker, der vor allem in Getreide, Bohnen und Kartoffeln vorhanden ist
12. Zuckersaft, der in der Zuckerfabrik abgetrennt wird

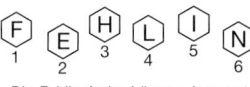

Eiweiß – ein wichtiger Nährstoff

Schneide die Puzzleteile aus und lege sie richtig aneinander.

Wenn du das Puzzle richtig zusammensetzt, erhältst du ein eiweißhaltiges Lebensmittel. Klebe das Puzzle in dein Heft und schreibe die zehn entstandenen Aussagen als Merksätze darunter.

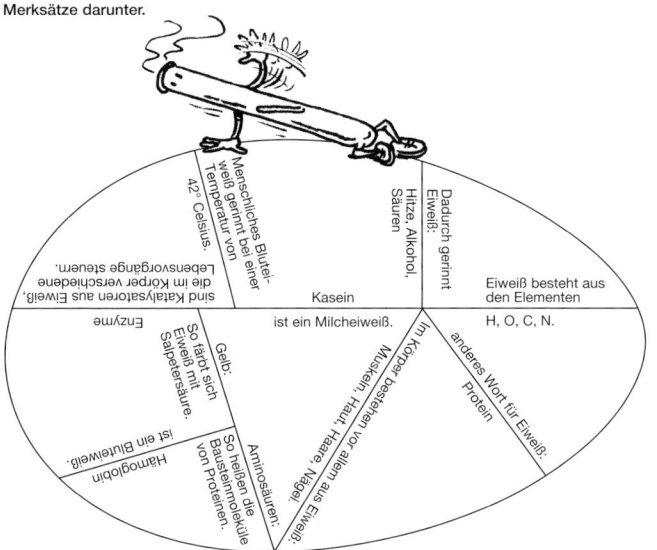

Merksätze:

1. Protein ist ein anderes Wort für Eiweiß.
2. Eiweiß besteht aus den Elementen Wasserstoff (H), Sauerstoff (O), Kohlenstoff (C) und Stickstoff (N).
3. Im Körper bestehen Muskeln, Haut, Haare und Nägel vor allem aus Eiweiß.
4. Eiweiß gerinnt durch Hitze, Alkohol und Säuren.
5. Menschliches Bluteiweiß gerinnt bei 42° Celsius.
6. Hämoglobin ist ein Bluteiweiß.
7. Kasein ist ein Milcheiweiß.
8. Enzyme sind Katalysatoren aus Eiweiß, die im Körper verschiedene Lebensvorgänge steuern.
9. Die Bausteine der Proteine heißen Aminosäuren.
10. Eiweiß färbt sich mit Salpetersäure gelb.

Fette

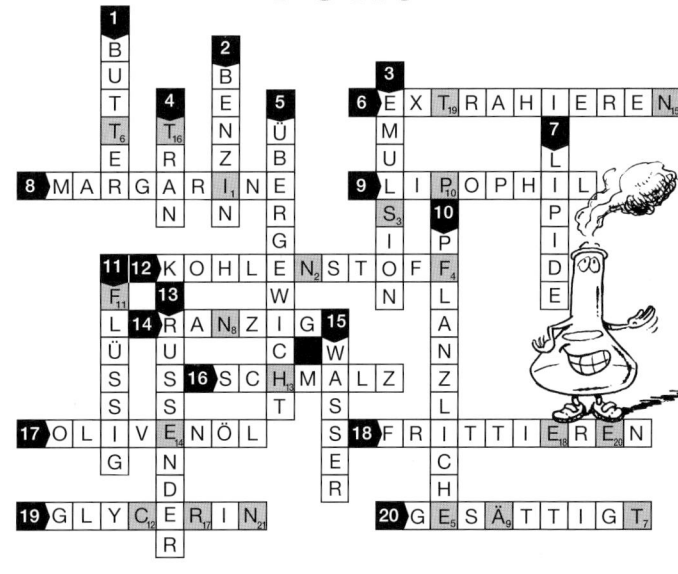

1. ein aus Milch gewonnenes Speisefett
2. guter Fettlöser
3. fein verteilte Fetttröpfchen in Wasser
4. von Walen gewonnenes Öl
5. Konsum von zu viel Fett fördert …
6. anderes Wort für „Herauslösen"
7. Fremdwort für „Fette"
8. Butterersatz, Brotaufstrich
9. sich in Fetten leicht lösend
10. Es gibt tierische und … Fette.
11. Öle sind bei Zimmertemperatur …
12. Fette sind Verbindungen aus Wasserstoff, Sauerstoff und …

13. Fette verbrennen mit … Flamme.
14. Fette, die „schlecht" werden, werden …
15. Brennendes Fett nie mit … löschen!
16. aus tierischem Fettgewebe gewonnenes Fett
17. Damit kochen vor allem griechische Köche gern.
18. in heißem Fett ausbacken
19. Fette bestehen aus … und Fettsäuren.
20. Fettsäuren mit lauter Einfachbindungen nennt man …

Die grau unterlegten Buchstaben ergeben als Lösung etwas, was man besser nicht sollte:

I N S F E T T N Ä P F C H E N T R E T E N
1 2 3 4 5 6 7 8 9 10 11 12 13 14 15 16 17 18 19 20 21

KONSERVIEREN

Lebensmittel können leicht verderben. Sie können schimmeln, ranzig werden oder verfaulen. Schuld daran sind Mikroorganismen, wie Pilze und Bakterien, die beim Konservieren abgetötet werden, oder deren Vermehrung verhindert wird.

Ä = AE
Ö = OE
Ü = UE

Entziffere die Geheimschrift, dann weißt du, wie die Konservierungsarten heißen.

Konservierungsart	Wie funktioniert's?	Beispiele
K U E H L E N	Abkühlung bei 2 bis 6 °C für kurze Zeit, zum Beispiel im Kühlschrank	Wurst, Käse, Gemüse
T I E F G E F R I E R E N	Herunterkühlen auf Temperaturen zwischen -40 °C und -18 °C	Fleisch, Gemüse, Fisch, Obst, fertige Gerichte
T R O C K N E N	Feuchtigkeitsentzug an der Luft oder durch Heißluft	Dörrobst, Hülsenfrüchte, Tee
P O E K E L N	Wasserentzug durch Einreiben mit Kochsalz oder Einlegen in Kochsalzlösung	Fleisch, Wurst, Fisch
G E F R I E R T R O C K N E N	Flüssigkeitsentzug aus tiefgekühlten Lebensmitteln in Vakuum	Kaffee, Pilze, Früchte, Gemüse
R A E U C H E R N	Flüssigkeitsentzug durch Wärmeeinwirkung, gleichzeitige Aufnahme von Bakterien tötenden Stoffen	Fleisch, Käse, Fisch
E I N L E G E N	Einlegen in konservierende Flüssigkeiten (Alkohol, Essig, Salzlösung, …)	Gurken, Oliven, Früchte
S T E R I L I S I E R E N	Hitzeeinwirkung von 80 bis 120 °C für mindestens 15 Minuten	Konserven
P A S T E U R I S I E R E N	kurzes Erhitzen bis knapp unter 100 °C	Milch und Milchprodukte

Zu schwierig? Hier ein paar Lösungshilfen:

A: | E: ||
B: ╪   F: ╪
C: ╪   G: ╪
D: ╪   H: ╪

C H E M I E

| ||| |||| |||||
Für die Vokale A, E, I, O, U stehen die senkrechten Striche.

SALZ

Jeden Tag nimmst du es mit Speisen zu dir: das Kochsalz.
Doch was weißt du eigentlich darüber?

Verbinde zusammengehörende Satzteile mit einer geraden Linie von Kreis zu Kreis.

Buchstaben, die nicht von einer Verbindungslinie durchzogen werden, ergeben die Lösung. Lies von oben nach unten!

Lösung:

➡ **T O T E S M E E R**

Salzsee im Jordangraben, 80 km lang, bis 18 km breit, 1020 qm groß, Wasseroberfläche ca. 400 m u. d. M., extrem salzhaltiges Wasser

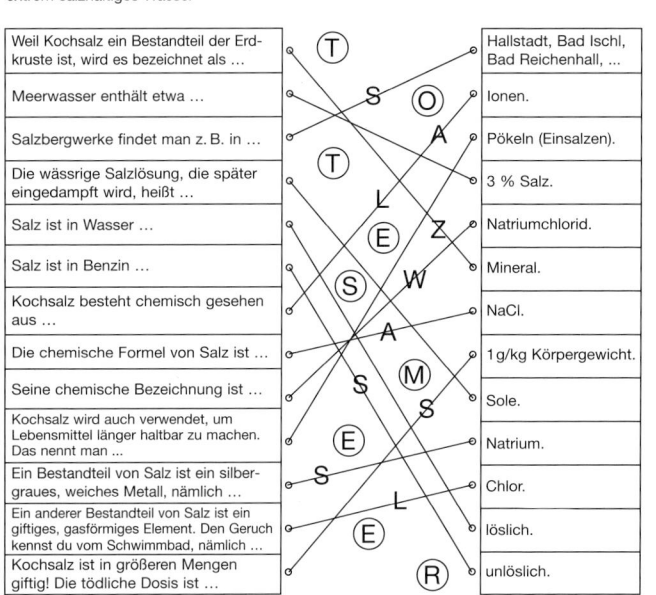

Satzteil		Satzteil
Weil Kochsalz ein Bestandteil der Erdkruste ist, wird es bezeichnet als …	T	Hallstadt, Bad Ischl, Bad Reichenhall, …
Meerwasser enthält etwa …	S O	Ionen.
Salzbergwerke findet man z. B. in …	A	Pökeln (Einsalzen).
Die wässrige Salzlösung, die später eingedampft wird, heißt …	T	3 % Salz.
Salz ist in Wasser …	E Z	Natriumchlorid.
Salz ist in Benzin …		Mineral.
Kochsalz besteht chemisch gesehen aus …	S	NaCl.
Die chemische Formel von Salz ist …	W	1 g/kg Körpergewicht
Seine chemische Bezeichnung ist …	M	Sole.
Kochsalz wird auch verwendet, um Lebensmittel länger haltbar zu machen. Das nennt man …	S S	Natrium.
Ein Bestandteil von Salz ist ein silbergraues, weiches Metall, nämlich …	E	Chlor.
Ein anderer Bestandteil von Salz ist ein giftiges, gasförmiges Element. Den Geruch kennst du vom Schwimmbad, nämlich …	L	löslich.
Kochsalz ist in größeren Mengen giftig! Die tödliche Dosis ist …	E R	unlöslich.

Manchmal fündig ...

Das Lösungswort nennt dir den Namen einer großen Gruppe chemischer Verbindungen, die aus nur zwei Elementen bestehen!

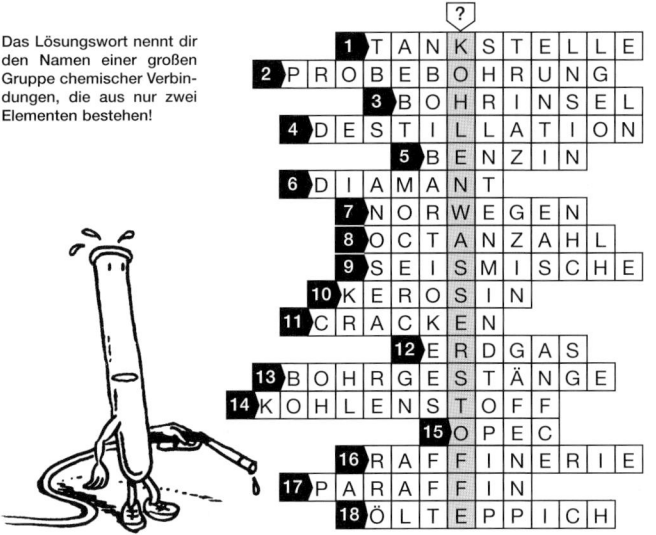

1 T A N K S T E L L E
2 P R O B E B O H R U N G
3 B O H R I N S E L
4 D E S T I L L A T I O N
5 B E N Z I N
6 D I A M A N T
7 N O R W E G E N
8 O C T A N Z A H L
9 S E I S M I S C H E
10 K E R O S I N
11 C R A C K E N
12 E R D G A S
13 B O H R G E S T Ä N G E
14 K O H L E N S T O F F
15 O P E C
16 R A F F I N E R I E
17 P A R A F F I N
18 Ö L T E P P I C H

1. Verkaufsstelle von Erdölprodukten
2. wird nach vielversprechenden Bodenuntersuchungen durchgeführt
3. Plattform auf See zur Ölförderung
4. Vorgang zur Zerlegung des Erdöls in seine Inhaltsstoffe
5. Kraftstoff für Ottomotoren
6. hartes Material des Bohrmeißels
7. Erdöl förderndes Land im Norden Europas
8. Maßzahl für die Klopffestigkeit von Kraftstoffen
9. Zur Gesteinsuntersuchung benutzt man das ... Verfahren.
10. Kraftstoff für Flugzeuge
11. Zerbrechen langer Molekülketten
12. fossiler Brennstoff (gasförmig)
13. an dessen Spitze wird der Bohrmeißel befestigt
14. Element mit der Ordnungszahl 6
15. Organisation Erdöl exportierender Länder
16. Industrieanlage zur Gewinnung von Erdölprodukten
17. festes Erdölprodukt, wird auch zur Herstellung von Kerzen verwendet
18. Umweltkatastrophe nach Tankerunfällen

---

*Erdöl*produkte

Versuche, die unten stehenden Begriffe ins Bastelgitter einzufügen. Du wirst staunen, was alles aus Erdöl gemacht werden kann!

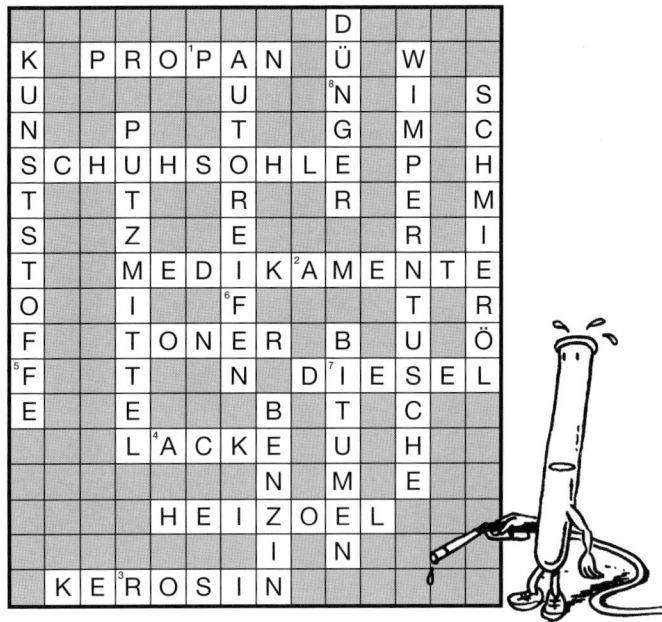

(Bastelgitter / Kreuzwortgitter mit u.a.:)
K P R O P A N Ü W D
K U ... U N I S
N P T G M C
S C H U H S O H L E P H
T T R R E M
S Z E R I
T O M E D I K A M E N T E
O I F T R
F T O N E R B U Ö
F F T N D I E S E L
E E B T C
L A C K E U H
N M E
H E I Z O E L
I N
K E R O S I N

LACKE • TONER • BENZIN • DIESEL • DÜNGER • PROPAN • BITUMEN • HEIZOEL • KEROSIN • SCHMIERÖL • AUTOREIFEN • PUTZMITTEL • SCHUHSOHLE • KUNSTSTOFFE • MEDIKAMENTE • WIMPERNTUSCHE

Richtiges Bienenwachs ist teuer. Viele Kerzen werden daher aus einem anderen Stoff hergestellt, der als Nebenprodukt bei der Erdöldestillation entsteht. Dieser Stoff heißt:

$\underset{1}{P}\ \underset{2}{A}\ \underset{3}{R}\ \underset{4}{A}\ \underset{5}{F}\ \underset{6}{F}\ \underset{7}{I}\ \underset{8}{N}$

Schwefel

(Kreuzworträtsel mit u.a.:)
1 S C H W E F E L
7 G E L B
8 C
9 S C H W E F E L W A S S E R S T O F F
10 S C H M E L Z P U N K T
11 B L A U
13 E I W E I S S
14 V U L K A N I S I E R E N
15 F E S T
2 W A S S E R S Ä U R E
3 A L L O T R O P I E
5 S U L F A T E
6 P Y R I T

Die grau unterlegten Buchstaben ergeben das Lösungswort:

$\underset{1}{F}\ \underset{2}{E}\ \underset{3}{U}\ \underset{4}{E}\ \underset{5}{R}\ \underset{6}{W}\ \underset{7}{E}\ \underset{8}{R}\ \underset{9}{K}$

1. Wie heißt die stark hygroskopische Säure H_2SO_4?
2. Wie verhält sich Schwefel im Wasser?
3. Schwefel erscheint in verschiedenen Formen aufgrund der verschiedenen Molekülstrukturen. Wie nennt man dieses Phänomen?
4. Welche Ordnungszahl hat Schwefel im Periodensystem?
5. Wie heißen die Salze der Schwefelsäure?
6. Wie heißt das sulfidische Erz FeS_2 noch?
7. Welche Farbe hat Schwefel?
8. Wie nennt sich die Behandlung gegen Pilze und Bakterien von Weinfässern mit Schwefel: aus...?
9. Wie heißt ein giftiges, nach faulen Eiern riechendes Gas?
10. Bei 119 °C hat Schwefel seinen ...
11. Welche Farbe hat die Flamme bei der Verbrennung zu Schwefeldioxid?
12. Unter welchem Namen ist uns der Baustoff Calciumsulfat besser bekannt?
13. In welchem Nährstoff kommt Schwefel vor?
14. Wie heißt der Vorgang, bei dem mittels Schwefel aus Kautschuk Gummi gewonnen wird?
15. Welchen Aggregatzustand hat Schwefel?

Geschichte vom Glas

Schneide die Zeitstreifen aus und bringe sie in die richtige Reihenfolge!

Lösung:
(ein Gebäude aus Glas)

L O U V R E

I N P A R I S

L	Man glaubt, dass bereits um 3000 v. Chr. in Ägypten und Mesopotamien die Glasherstellung bekannt war.
O	Das älteste erhaltene Stück Glas stammt ca. aus dem Jahr 1550 v. Chr.!
U	Die Tontafelbibliothek des assyrischen Königs Ashurbanipal (668-626 v. Chr.) enthielt Keilschrifttexte mit Glasrezepten, von denen das älteste in etwa so lautet: „Nimm 60 Teile Sand, 180 Teile Asche aus Meerespflanzen, 5 Teile Kreide – und Du erhältst Glas.“
V	Die Technik der Glasbläserei ist wahrscheinlich im 2. Jh. v. Chr. in Syrien entstanden.
R	Mit dem 15. Jh. begann die hohe Zeit der Glasmalerei. Kirchen, Paläste und Privathäuser erhielten Glasfenster, die mit historischen Darstellungen oder Wappen bemalt waren.
E	Bleikristall wurde im 17. Jh. von englischen Glasbläsern erstmals hergestellt.
I	Justus von Liebig bekam 1824 in Giessen eine Professur für Chemie übertragen. Er beherrschte die Kunst des Glasblasens und fertigte seine gläsernen Laborgeräte selbst an.
N	Die Herstellung von Hartglas wurde erstmals von einem Franzosen im Jahre 1874 beschrieben.
P	1893 wurde Drahtglas erfunden, das sich zur Herstellung von großen Glasdachkonstruktionen eignet.
A	1909 wurde die Erfindung des Verbundglases zum Patent angemeldet. (Zelluloidschicht zwischen zwei Glasscheiben!)
R	Pyrex-Glas, das sich zur Herstellung von Kochgeschirr eignet, wurde 1915 entwickelt.
I	1929 wurde das Sicherheitsglas erfunden, das z.B. bei den Fenstern von Flugzeugen verwendet wird.
S	1990 wurde eine Spezialglasscheibe entwickelt, die sich auf Wunsch in eine undurchsichtige Milchglasscheibe (und zurück) verwandeln kann.

Kunststoffe

Kunststoffe sind aus unserem heutigen Leben kaum mehr wegzudenken. Sie haben viele Vorteile gegenüber herkömmlichen Werkstoffen, z. B. Metall oder Glas. Aber es gibt :

P	R	O	B	L	E	M	E		B	E	I		D	E	R
1	2	3	4	5	6	7	6		4	6	8		9	6	2

M	Ü	L	L	B	E	S	E	I	T	I	G	U	N	G	!
7	10	5	5	4	6	11	6	8	12	8	13	14	15	13	

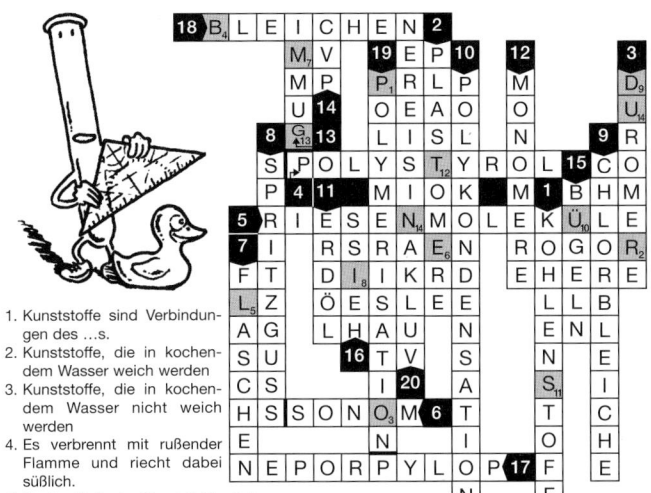

1. Kunststoffe sind Verbindungen des …s.
2. Kunststoffe, die in kochendem Wasser weich werden
3. Kunststoffe, die in kochendem Wasser nicht weich werden
4. Es verbrennt mit rußender Flamme und riecht dabei süßlich.
5. Bestandteile der Kunststoffe sind …
6. griechisches Wort für „einfach"
7. Was wird aus Polyethylenterephthalaten (PET) zum Beispiel hergestellt?
8. Verfahren, bei dem das flüssige Plastomer in Formen gespritzt wird
9. Was bedeutet dieses Zeichen (nur erstes Wort!):
10. Vorgang, bei dem Monomere miteinander verbunden werden, indem kleinere Moleküle von ihnen abgespalten werden
11. Kunststoffe werden hauptsächlich aus … hergestellt.
12. „Baustein – Moleküle" der Kunststoffe
13. Was ergibt Kautschuk mit 2–3 % Schwefel nach dem Erhitzen?

14. Abkürzung für Polyvenylchlorid
15. Was bedeutet dieses Zeichen:
16. Vollsynthetische Stoffe dürfen nicht zu … gewaschen und gebügelt werden.
17. Aus diesem Stoff (PP) werden Elektroinstallationsmaterial, elektrische Haushaltsgeräte und technische Geräte hergestellt.
18. Ein durchgestrichenes Dreieck auf einem Textiletikett bedeutet: nicht ….
19. Vorgang, bei dem die ungesättigten Monomere gesättigte Riesenmoleküle bilden
20. Wie nennt man den Vorgang der Gummierzeugung?

Alkohol – chemisch betrachtet

Kreuze die richtigen Antworten an. Wenn du die Buchstaben, die immer links unten bei jeder richtigen Antwort stehen, aneinanderreihst, erfährst du den Lösungssatz.

Frage		A		B		C
Wer wandelt unter Ausschluss von O_2 Traubenzucker in Alkohol und CO_2 um?	S	Algen	R ☒	Hefepilze	D	Viren
Wie heißt dieser Vorgang?	E ☒	Alkoholische Gärung	U	Foto-synthese	B	Atmung
Der berauschende Inhaltsstoff alkoholischer Getränke heißt …	R	Essig	A ☒	Ethanol	H	Extrapol
1 g Ethanol in 1 l Blut bedeutet einen Blutalkoholgehalt von …	S	1 Kalorie	L	1 Prozent	K ☒	1 Promille
Alkohol ist ein Suchtgift. Die tödliche Konzentration im Blut beträgt ca. …	B	20 Promille	F	10 Promille	T ☒	5 Promille
Ethanol ist farblos, klar und …	I ☒	scharf riechend	U	süß riechend	A	nicht riechend
Ethanol siedet bei …	O ☒	78 °C	I	100 °C	E	120 °C
Reines Ethanol ist höchstens 96 %ig und enthält noch 4 % …	O	Zucker	N ☒	Wasser	M	Luft
Alkohol ist kein basischer Stoff, enthält aber trotzdem die Atomgruppe …	O	SO_2	S ☒	OH		COOH
Methanol ist sehr gesundheitsschädlich und schon in geringen Dosen (2g/kg Körpergewicht) …	D	bitter	U	sauer	F ☒	tödlich
Methanol und Ethanol sind wegen ihrer Lösekraft sehr …	Ä ☒	Reinigungs-mittel	U	Klebstoffe	R	Färbemittel
Wegen seiner Wasser anziehenden Wirkung wird Ethanol auch verwendet als …	H ☒	Konservie-rungsmittel	S	Badezusatz	A	Fassaden-farbe
Ein ungiftiger Alkohol, der zum Feuchthalten von z. B. Lippenstift verwendet wird, heißt …	I ☒	Glycerin	B	Glutamat	T	Ginko
Ein durch Zusatzstoffe ungenießbar gemachter Alkohol, der vorwiegend technisch gebraucht wird, heißt …	L	Sprit	O	Sputnik	G ☒	Spiritus
Wein enthält ca. …	H	0,2% Ethanol	B ☒	70% Ethanol	K	10% Ethanol
So kann man Alkohol und Wasser trennen, um hochprozentige alkoholische Getränke zu erhalten.	E ☒	Destillation	A	Filtrierung	U	Elektrolyse
Nach der Gärung destillierte alkoholische Fruchtsäfte mit bis zu 40 % Alkohol heißen …	L	Nektar	I ☒	Schnäpse		Limonade
Bier wird vor allem hergestellt aus ….	T	Gerste	E	Gurke	N	Reis

Achtung: Alkohol wirkt schon in geringen Mengen enthemmend und vermindert die …

R E A K T I O N S -

F Ä H I G K E I T !

SUPER SAUBER!

Wie gut kennst du dich mit Waschmitteln, Seifen, … aus?
Verbinde zusammengehörende Satzteile mit einer geraden Linie von Kreis zu Kreis. Buchstaben, die nicht von einer Verbindungslinie durchzogen werden, ergeben das Lösungswort. Lies von oben nach unten.

B I O L O G I S C H
A B B A U B A R

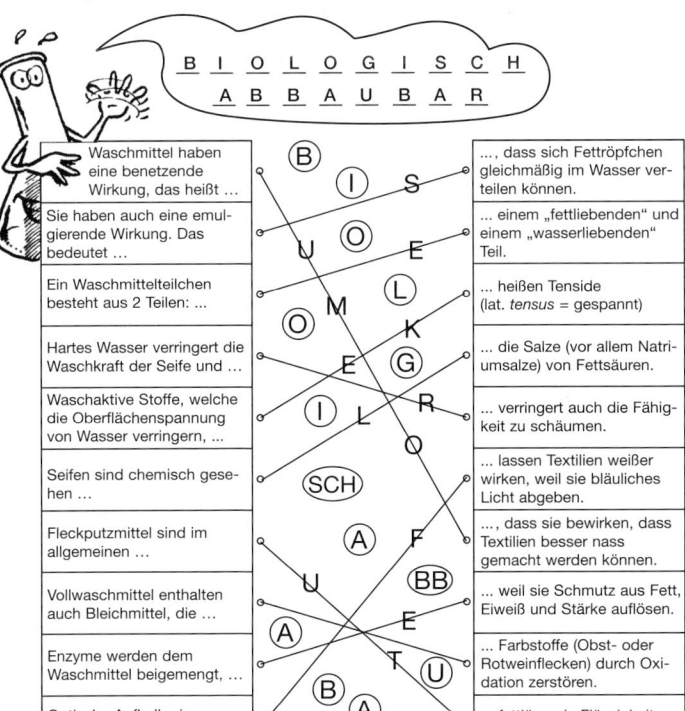

Waschmittel haben eine benetzende Wirkung, das heißt …

Sie haben auch eine emulgierende Wirkung. Das bedeutet …

Ein Waschmittelteilchen besteht aus 2 Teilen: …

Hartes Wasser verringert die Waschkraft der Seife und …

Waschaktive Stoffe, welche die Oberflächenspannung von Wasser verringern, …

Seifen sind chemisch gesehen …

Fleckputzmittel sind im allgemeinen …

Vollwaschmittel enthalten auch Bleichmittel, die …

Enzyme werden dem Waschmittel beigemengt, …

Optische Aufheller im Waschmittel …

…, dass sich Fettröpfchen gleichmäßig im Wasser verteilen können.

… einem „fettliebenden" und einem „wasserliebenden" Teil.

… heißen Tenside (lat. tensus = gespannt)

… die Salze (vor allem Natriumsalze) von Fettsäuren.

… verringern auch die Fähigkeit zu schäumen.

… lassen Textilien weißer wirken, weil sie bläuliches Licht abgeben.

…, dass sie bewirken, dass Textilien besser nass gemacht werden können.

… weil sie Schmutz aus Fett, Eiweiß und Stärke auflösen.

… Farbstoffe (Obst- oder Rotweinflecken) durch Oxidation zerstören.

… fettlösende Flüssigkeiten wie Benzin.

Was bedeutet dieser Begriff?
Biologisch abbaubare Tenside können durch Bakterien zerstört werden und schaden daher der Umwelt kaum. Nichtabbaubare Tenside, deren Schaum das Wasser bedeckt und daher den Sauerstoff entzieht, können im Wasser lebenden Tieren und Pflanzen schwere Schäden zufügen.

Das Wäsche – wasch – Rätsel

Bist du als Hausfrau oder Hausmann geeignet?

Ä = AE
Ö = OE
Ü = UE

1	B	U	N	T	W	A	E	S	C	H	E	
2	W	O	L	L	W	A	E	S	C	H	E	
3	N	I	C	H	T	T	R	O	C	K	N	E	N
4	C	H	L	O	R	B	L	E	I	C	H	E
5	K	O	C	H	W	A	E	S	C	H	E	
6	W	A	S	C	H	M	A	S	C	H	I	N	E
7	N	I	C	H	T	W	A	S	C	H	E	N
8	B	U	E	G	E	L	E	I	S	E	N	
9	H	E	I	S	S	B	U	E	G	E	L	N
10	C	H	E	M	I	S	C	H	E	
11	S	P	E	Z	I	A	L	R	E	I	N	I	G	U	N	G

Was bedeuten diese Wäschezeichen und welche Geräte brauchst du für die Wäsche?

1. Nicht Kochwäsche, nicht Feinwäsche, sondern …	2.	3.	4.
	30	☒	Cl
40° 60°			
5. Wäsche, die mit 95 °C gewaschen werden kann	6. Gerät, das die Wäsche wäscht	7.	8. Gerät, das die Wäsche glatt und faltenfrei macht
95°			
	9.	10. Keine … Reinigung	11. F oder P